なるにはBOOKS

大学
学部調べ

農学部

佐藤成美 著

ぺりかん社

はじめに

将来の夢《ゆめ》は何ですか？　大学ではどんな勉強をしたいですか？　人それぞれにいろいろな希望がありますよね。でも、どうすればその希望が叶《かな》うのでしょうか。大学には進学したいけれど、大学ってどんなところか、どんなことを勉強するのかもよくわからない。そのため、進学先を決めることに不安を抱《いだ》いている人もいることでしょう。将来や進路を考えることには、たくさんの疑問がともないます。

そんな疑問をひとつでも多く解決し、進路を考える手助けとして「なるにはＢＯＯＫＳ大学学部調べ」シリーズがあります。本書は、農学部や生物資源科学部など農学系の学部や学科についてまとめています。

農業に興味のある人はもちろんのこと、生物や食品が好き、食の安全や環境《かんきょう》問題に貢献《こうけん》したい人たちにとっては、農学部に対する関心が高いことでしょう。農学部といっても、農業だけを学ぶところではありません。農業など第一次産業を軸《じく》にして、自然と人や社会とのかかわりを取り扱《あつか》う学部です。その内容は多岐《たき》にわたっており、植物や動物、生命、森林、環境《かんきょう》、バイオテクノロジーなどさまざまな分野があります。どの分野を専攻《せんこう》しても、人と自然がともに生きていくための方法を学ぶことは共通しています。また、多くの実習を通して理解を深めることも共通しています。人と自然の関係は切っても切れないものであり、持続可能な社会をめざす今、農学部で学ぶことは必ず将来の役に立ちます。

近年、農学部は組織の改編が進み、学部や学科の名前が変更《へんこう》されたり、学べる分野がより細かくなったりと複雑になっています。そのため、大学の名前や学科の名前を見ただけでは、どんなことが学べるのかは、少しわかりにくいかもしれません。地域の特産品を研究するなど、大学によってさまざまな特徴《とくちょう》もあります。そのため、自分の興味や将来の夢《ゆめ》によってどこで学ぶのが自分に向いているか、見極めるのが難しい人もいることでしょう。そんな時、この本を農学部がどんなところかを把握《はあく》する参考書としてぜひ活用し、将来の夢《ゆめ》をいっそうふくらませることにつながればうれしいです。

みなさんがこれから過ごす大学での4年間は思い切り好きなことが勉強でき、さまざまな体験ができる貴重な時間です。そして、大学で学んだことや知り合った仲間は一生の財産になります。

この本を手に取ってくれたみなさんが有意義な大学生活を送り、夢《ゆめ》を叶《かな》えてくれることを期待しています。

著者

農学部　目次

3章 農学部のキャンパスライフを教えてください

4章 資格取得や卒業後の就職先はどのようになっていますか？

5章 農学部をめざすなら何をしたらいいですか？

＊本書に登場する方々の所属・情報などは、取材時のものです。

1章

農学部は
どういう学部ですか？

Q1 農学部は何を学ぶところですか？

自然について幅《はば》広《ひろ》く学ぶ

読者のみなさんは、農学部という学部にどのようなイメージがあるのだろう？　農学部は、単に農業を学ぶところと思っているかもしれないね。農学部は農業にとどまらず、林業、畜産《ちくさん》業、水産業など、第一次産業の課題を解決し、作物などの食料資源を研究する学問なんだ。

学問分野の幅《はば》は広く、農作物などの栽培《さいばい》技術や生産技術をはじめ、バイオテクノロジー、環境《かんきょう》から食品工業、人や社会とのかかわりまで総合的に学ぶ。農作物や家畜《かちく》、魚類、微《び》生物《せいぶつ》などあらゆる生物を扱《あつか》い、人類と自然が共生するためのあらゆるものをカバーしている。

近年では、こうした農業などの第一次産業を中心とした学問から、人類と自然が共生するための科学、生命、食料、環境《かんきょう》にかかわる学問へと分野が広がっている。生物がどう

生きているのか、生物をどうやって社会に役立てるか、などを研究するよ。

学ぶことはとても幅広《はばひろ》く、専門に応じて、生産農学、農芸化学、農業工学、農業経済学、森林科学、畜産学《ちくさんがく》・獣医学《じゅういがく》、水産学の七つの基本分野に分けられている。

生産農学は、農業の生産技術から社会とのかかわりまで幅広《はばひろ》く学ぶ。農芸化学なら化学を、農業工学なら工学を農業に応用する分野だ。また、農業経済学といって、農業の経済的な側面について学ぶ文系の分野もある。細胞《さいぼう》やバイオテクノロジーなどを学ぶ生命科学、応用生物学などもある。森林科学は林業を、水産学は水産業を、広く学ぶ。

生物や生物を取り巻く環境《かんきょう》について学ぶ

農学部は、微生物《びせいぶつ》から植物、昆虫《こんちゅう》、魚類、動物など人類が利用する生物、それに生物を取り巻く環境《かんきょう》など生物全般《ぜんぱん》を対象とする。だから、農学を学ぶには、まず生物が好きであることがもっとも大切だ。もちろん、生物や化学の基本的な知識は欠かせない。また、数学や工学などの知識を必要とする場や、飼育《しいく》や調査などのフィールドワークも多い。

大学では、講義だけでなく実習や実験が多いことも特徴《とくちょう》だ。

まずほとんどの大学で行われるのは、作物を栽培《さいばい》したり、家畜《かちく》を飼育《しいく》したりする農業実習だ。農学を学ぶには、生物がどのように生きているのかをじっくりと観察し、生物の変化に気付くことが必要だからだよ。

農学実習などで生物の理解を深め、分子レベルから生態レベルまで、それぞれの専門に応じた知識を身につけていくんだ。

また、加工実習や微生物《びせいぶつ》実験など、専門分野によって、さまざまな実験や実習が行われるよ。

農学部の研究

農学で扱《あつか》う分野は、生物や生命、食料、環境《かんきょう》まで幅広《はばひろ》い。そのため、農学部で行われている研究も多岐《たき》にわたっている。そして、企業《きぎょう》などと連携《れんけい》して、その成果を実用化している例も多い。ここで特徴《とくちょう》的な研究の例を紹介《しょうかい》しよう。

主な学部の系統別分類

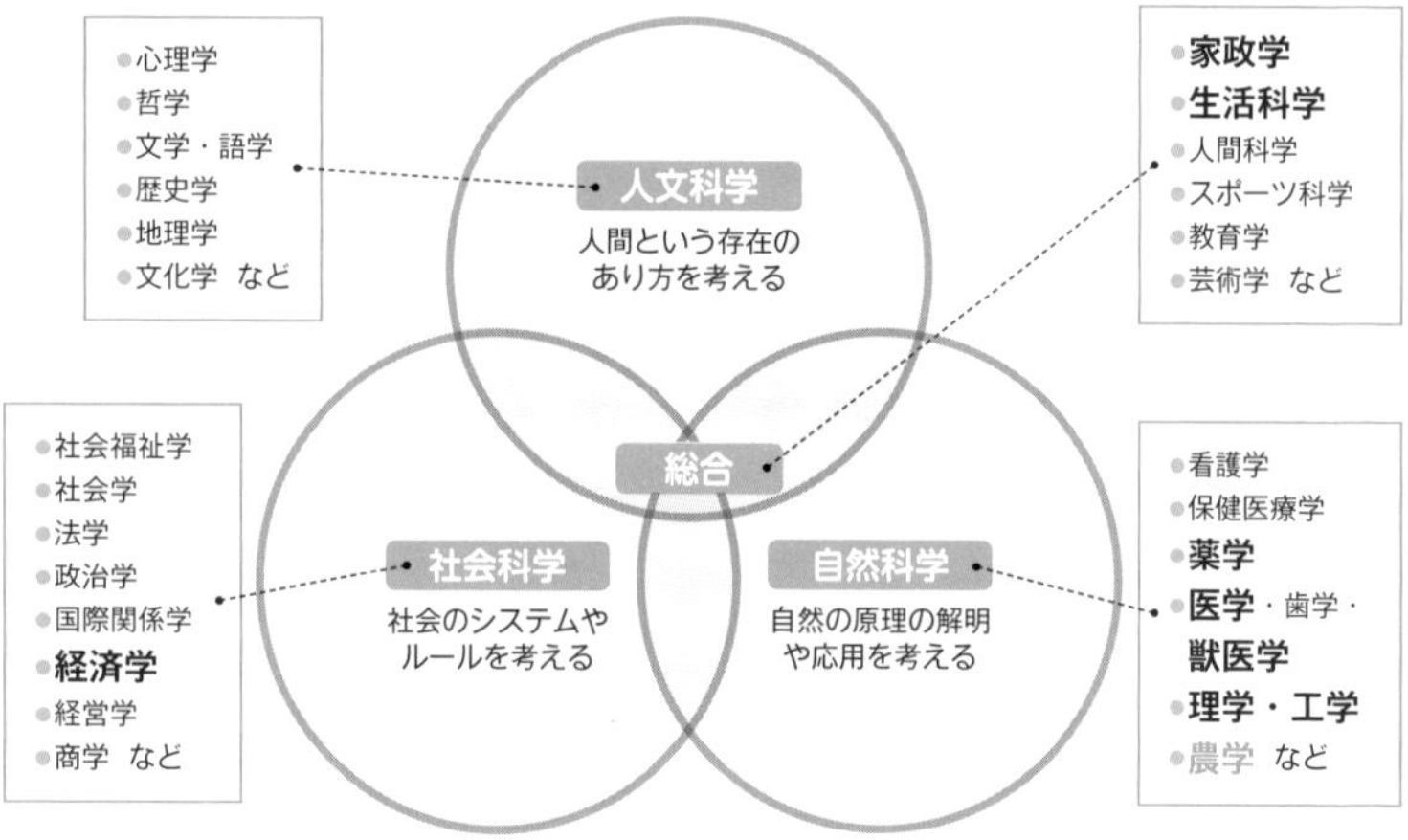

※黒の太字は、農学部に関連のある学部だよ！

学問分野が非常に幅《はば》広《ひろ》い学部だよ

DNA解析《かいせき》技術や遺伝子操作を使うことによる品種改良の研究では、これまでに比べ、迅速《じんそく》に高品質の新品種ができるようになった。稲《いね》やリンゴなど大学発の新品種がたくさん誕生《たんじょう》しているよ。

ほかにも、微生物《びせいぶつ》を利用したエネルギー生産、次世代の林業をめざした新建材の開発、人工衛星や飛行機から得た画像情報の農業への応用、農薬に頼《たよ》らず害虫の天敵を利用した栽培《さいばい》技術の研究、柑橘《かんきつ》類を利用した魚の養殖《ようしょく》技術の開発、絶滅危惧《ぜつめつきぐ》種の保全やミツバチの生態解明など。

あげるとキリがないけれど、どれも興味深くて、ワクワクするね。

Q2

農業について教えてください

農業はいつから始まった?

農業とは、土地を利用して、作物や家畜《かちく》を育て、衣食住に必要なものを生産する活動のことをいう、ということは知っているかな? 農業のなかには、植物を栽培《さいばい》する「園芸」、木を育て、切る「林業」、家畜《かちく》を育て肉や卵などを生産する「畜産《ちくさん》」、蚕《かいこ》を育て、繭《まゆ》をとる「養蚕《ようさん》」などが含《ふく》まれるよ。

農業が始まったのは、今から1万年ほど前と考えられている。それまで人類は、果物や木の実を集めたり、動物や魚を捕ったりして暮《く》らしていたが、農耕や牧畜《ぼくちく》が始まってから人びとは、定住をするようになった。食べ物を安定してつくるためには、一カ所に集まっておたがいが協力し合わないといけない。そのようにして、集落ができて、社会ができたんだよ。

地球上には数多くの生物が存在するけれど、自分たちの手で食物をつくるのは人類だけ。

農業のおかげで安定した生活ができて、人類が大繁殖《だいはんしょく》できるようになったんだ。

野菜はどこからきたの？

野菜は、野原に生えていた草のなかから、人が食べられるものを選んで畑で栽培《さいばい》し、改良してきたものだ。人類は工夫して、野生の植物や動物から、農業に適した作物や家畜《かちく》をつくり出してきた。これらはなんと、今私たちが食べているものの9割以上に当たる。1万年以上も前に、私たちの食べ物の基礎《きそ》ができあがっていたんだ。

そして、日本《にほん》でたくさんつくられている野菜のほとんどは、世界各地から渡《わた》ってきたものだ。伝えられてから何千年もの長い期間、日本の中で改良されて、日本料理に合うようになった。

たとえば、トマトを見てみよう。トマトは好きな野菜ランキングでトップになるほど人気のある野菜だ。甘いトマト、赤や黄色などカラフルなトマトなど、種類もいろいろなものがあるね。トマトはもっとも品種改良が進んでいる野菜で、世界には8000を超《こ》える種類があるという。

トマトの原産地は、南米大陸のアンデス山地やガラパゴス諸島だ。ヨーロッパにもち込《こ》まれ、世界中に広まったといわれている。

原種である野生のトマトは小さく、かたい。熟しても実が赤くならなくておいしくないし、毒が含《ふく》まれているため、食べられないものもある。その原種から、どのような経緯《けいい》で今みんなが食べているような栽培《さいばい》種ができたのかは、実はまだわかっていない。けれども、私たちの祖先が創意工夫を凝《こ》らして栽培《さいばい》をくり返してきた結果、毒のない、おいしいトマトができたんだ。

日本にトマトがやってきたのは江戸時代の頃《ころ》で、ほかの野菜と比べて、歴史は比較的《ひかくてき》浅い。最初は観賞用だった。トマト臭《しゅう》や酸味が強く、赤い色が嫌《きら》われたため、食用としては日本人になじまなかった。大正時代になって、桃《もも》色で酸味が少ない品種が導入された。そして、日本人の好みに合うように品種改良されて、ようやく受け入れられるようになった。それは昭和時代になってからのことなんだ。

農学の始まり

さて、おいしいトマトをつくろうとしたら、どうしたらいいだろうか。まずはトマトという植物のことをよく知らないといけない。

育てるためには、土や栄養のことが知りたい。それに気温や湿度《しつど》など、どんな環境《かんきょう》でよく育つんだろうか。どうやって水をあげるか。土を耕すために動物の力を借りようか、

農業の始まりは1万年前から

機械を使って効率よくしようか。トマトがたくさんできたら、どうやって保存しようか。さらに、病気に強い新しい品種をつくるにはどんな品種とかけあわせようか。つくった作物はいくらで売ればいいのか。考えなければいけないことは、つぎからつぎへと出てくる。

農作物を安定的につくり、利用するためには、いろいろな知識が必要なんだ。そうした農業の知恵《ちえ》や方法を集めて蓄積《ちくせき》したものが、農学という学問のはじまりだ。19世紀半ば頃《ごろ》から、ヨーロッパを中心に農学が確立して、農学校ができた。

日本でも、江戸時代のはじめには、「農業全書」が出版された。これは、中国《ちゅうごく》の農業書を参考にしつつ、農業の知識や経験をもとにして、作物の栽培《さいばい》法や農業技術をまとめたもの。

明治時代には、日本にも農学校ができた。「少年よ、大志を抱《いだ》け」の言葉で有名なクラーク博士は、1876年に開校した札幌《さっぽろ》農学校（現在の北海道《ほっかいどう》大学）の初代教頭を務めた。この札幌農学校や1878年に開校した駒場《こまば》農学校（現在の東京《とうきょう》大学農学部）が、日本の農学部のはじまりといえるんだ。

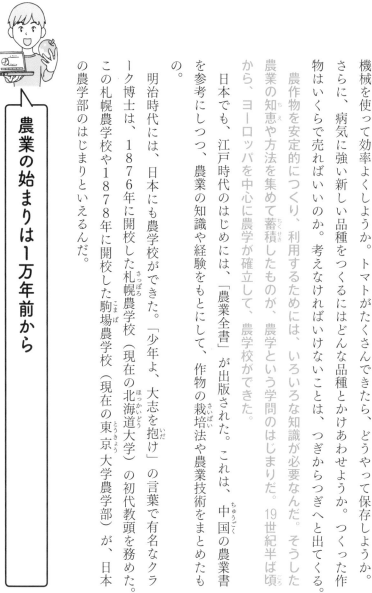

Q3

どんな人が集まってくる学部ですか？

生き物が好きな人

農学部には、生き物が好きな人が集まっている。もちろん、「生物が好きだから」ということが理由で、農学部を選んだ人もたくさんいるんだ。植物が好きだからと園芸学を専《せん》攻《こう》したり、動物が好きだからと畜産《ちくさん》学を専攻《せんこう》したりとさまざまだ。

自然が好きな人

農学部にいる学生は、生き物はもちろんのこと、自然も好きだ。農学部では、フィールドに出かけて植物や鳥類の調査を行う実習もあれば、農村をまわることもある。自然が好きなので、みんな実習そのものを楽しんでいるね。

農業をやりたい人

農業をやってみたいと農学部を選ぶ人や、家が農家なので技術や知識を学びたいという人も集まっている。農業がまったくの未経験でも、知識を学ぶだけでなく、実際に農園を見学したり、実習したりするなど、大学ではいろいろな経験が積める。

食料問題に関心のある人

農学の基本は、食料を生産することだ。だから、食料問題に関心をもって入学する人もいる。世界には、食料の乏《とぼ》しい途上《とじょう》国があり、飢餓《きが》に苦しむ人が多い。人口が増え続けているので、今後もっと深刻化するだろう。それを解決したいと思う人が集まっている。

環境《かんきょう》に関心の高い人

農学の特徴《とくちょう》は自然と人とのかかわりを考え、自然のメカニズムを理解することだ。世界中がＳＤＧｓ（持続可能な開発目標）に取り組む中、環境《かんきょう》保全などに注目が集まっている。そのため、生態系を守りたいなど環境《かんきょう》に関心の高い人が集まっている。

生き物や自然が好きで、食料問題や環境《かんきょう》に興味がある人

Q4 学んだことを社会でどう活かせますか？

持続可能な未来をつくる

人類は自然の一部であり、自然とどうやって共生していくのかが、これからの大きな課題だ。経済の発展や技術の革新により、人類の生活は豊かで便利なものになったけれど、一方で地球温暖《おんだん》化や食料危機など、さまざまな環境《かんきょう》問題をもたらしている。環境《かんきょう》問題は、耕作地の減少や生物の絶滅《ぜつめつ》などを引き起こす。人口の増加とともに、食料不足はますます深刻になると考えられている。

今、求められているのは持続可能な社会をつくることだ。そのためには、生物の力を最大限に活用することが期待されている。たとえば、生物の未知の機能をあきらかにして、エネルギーや食料の生産に活用するなど、農学で学んだことを活かせる場はたくさんある。持続可能な未来をつくるためには、農学を学んだ人の活躍《かつやく》が必要なんだよ。

社会に役立つものをつくる

農学の目的は、生物の機能を活用して社会に役立つものをつくるということだよ。私たちの祖先は、農業を始めることによって、食べ物を手に入れることができるようになった。さらに、経験や工夫によって、保存食や発酵《はっこう》食品をつくった。さらに、動物を飼育《しいく》すると、効率的に作業できるようになり、肉や乳も手に入る。植物から繊維《せんい》もつくった。すると、今度は品種改良をして、より役に立つ動物や収量のよい作物を手に入れたんだ。

農学によって、生物の利用は発展し、応用する分野は広がった。アメリカの科学者ワックスマンは農学を学び、土壌《どじょう》中の微生物《びせいぶつ》に関心をもったのがきっかけで、抗生《こうせい》物質を発見した。食料のみならず、医薬品やエネルギーなど社会に役立つものがつくられている。また、生物のかたちやメカニズムをまねた新しいものづくりも盛《さか》んに研究されている。

こうした農学のものづくりが、私たちの暮《く》らしを豊かにするだけでなく、高齢《こうれい》化や環《かん》境《きょう》問題など社会の問題の解決に役立つと期待されている。

持続可能な社会へ農学の力が必要とされるよ

2章

農学部では
どんなことを学びますか？

Q5 農学部には主にどんな学科がありますか？

農学を学べる分野はたくさんある

1章で述べたように、農学は、生産農学、農芸化学、農業工学、農業経済学、森林科学、畜産《ちくさん》学・獣《じゅう》医学、水産学の七つの基本分野に分けられ、学科や学部もこのような形で設けられていることが多い。従来は、農学部、水産学部、畜産《ちくさん》学部のように学部が分けられていたが、それらを統合した新しい学部がたくさんできている。また、農学部は国公立大学に多いが、近年は農学系の学部や学科を新設する私立大学が増えている。農学を学べる大学はたくさんあるが、そのような組織を改編した大学や新しい大学では、必ずしも「農学部」と称《しょう》しているわけではない。ただ、名前が変わっても、農学部と同様に農場などをもち、農場実習などももちろん行われている。

農学部と畜産《ちくさん》学部などが統合し、幅広《はばひろ》く生物を扱《あつか》う農学部の別称《べっしょう》は、生物資源科学部、生物産業学部、応用生物科学部、生物資源学部、応用生物学部、生物生産学部、生物資源

産業学部などがある。また、生命や環境《かんきょう》を中心にして幅広《はばひろ》く学ぶ、農学生命科学部、生命環境《かんきょう》学部、生命環境《かんきょう》科学部がある。食品生産や流通など食品分野に重点をおいた学部には、食農学類、食産業学部、食料産業学部などがある

農学系でも花や野菜などさまざまな植物を扱《あつか》う園芸学を中心に学ぶのは、園芸学部や環境《かんきょう》園芸学部である。魚介《ぎょかい》類を中心に水産業全体を学ぶのは水産学部だが、水産学を中心に幅広《はばひろ》く学ぶ学部には、海洋生命科学部、海洋生物資源学部、農林海洋科学部がある。家畜《かちく》など動物を中心に学ぶのは、畜産《ちくさん》学部や獣医《じゅういかく》学部だよ。

新しい学部や学科が増えたわけは?

人類は、生物のもつ機能を利用し、食料や木材など生活に必要なものを生産してきた。この営みが農業というわけだね。農業のおかげで人類は自然と接し、自然とともに生きてきたので、農学とは、生物を利用する生産の科学であり、自然と調和するための科学でもある。

この半世紀で、世界は人口がどんどん増加し、食料の需要《じゅよう》は増える一方だ。それにもかかわらず耕地は増えることはなく、地球環境《かんきょう》の悪化でむしろこれまで通り食料を生産するのも難しくなるかもしれない。近い将来、深刻な食料不足になることが懸念《けねん》されている。

この問題の解決のために、農学を活用することが求められるようになった。

　これまで農学の課題は、食料などを「効率的に生産すること」だったが、食料などを「持続的に生産すること」、また「生物によって、環境《かんきょう》を保全すること」に変わってきた。そのためには、従来のことを学んだり、研究したりするだけでは足りない。遺伝子工学や細胞《さいぼう》工学など生命科学の知識や技術を積極的に取り入れたり、また、さまざまな分野を融《ゆう》合《ごう》して幅広《はばひろ》く課題に取り組む必要が出てきた。

　そこで、農学部の組織が改変され、さまざまな学部や学科が誕生《たんじょう》した。基本は七つの分野だが、改変されてできた学

農学部にある主な学科

農学系の学科
- 農学科
- 生産農学科
- 農業生産科学科
- 環境農学科
- 地域総合農学科
- 生命農学科

農芸化学系の学科
- 農芸化学科
- 生物応用化学科
- 生命科学科
- 応用生物科学科

農業工学系の学科
- 農業工学科
- 環境工学科
- 地域環境学科
- 生産環境工学科

農業経済系の学科
- 農業経済学科
- 食料環境経済学科
- 食料資源経済学科
- 産業経営学科
- 食料農業システム学科

森林科学系の学科
- 林学科
- 森林科学科

畜産学系の学科
- 畜産学科
- 畜産科学科
- 応用動物科学科
- 動物生産科学科
- 動物応用科学科

水産学系の学科
- 水産学科
- 海洋資源科学科
- 海洋生物環境学科
- アクアバイオ科

部や学科はそれらが融合《ゆうごう》したものが多く、学ぶ幅《はば》が広がっているよ。

名称《めいしょう》に学科や学部の特色がある

農学を学べる学部や学科はたくさんあるが、名称《めいしょう》がさまざまあるので、わかりにくいかもしれない。冒頭《ぼうとう》でもふれたように、たとえば生物資源学部とか応用生物学部などとなっていても、農学を学べるので見逃《みのが》さないように注意しよう。

また、学科の名称《めいしょう》には、そこで学んだり、研究したりする内容の特色を示したものが多い。生命科学に重点をおいたのは、農学生命科学科のような「生命」がつく学科だ。一方で、食料や環境《かんきょう》の問題は地球規模であり、国際的に活躍《かつやく》できる人材を育てようと農学国際専攻《せんこう》や国際農業開発学科などの学科もできている。地域創成農学科、地域環境《かんきょう》工学科、地域総合農学科など「地域」を名称《めいしょう》に入れている学科は、地域社会や国際社会の農業をターゲットにしたものだ。いろいろあって迷うかもしれないけれど、まずは、自分の学びたい内容に近い名称《めいしょう》の学科や学部を調べてみよう。

培養土
名前を変えたさまざまな学科が豊富だ

Q6

農学系の学科では何を学びますか？

生産の技術やシステムを学ぶ

農学の根幹をなす生産農学を中心に学ぶ学科だ。生産農学とは、穀物や野菜、果物、花などあらゆる作物の生産や利用に関する学問。作物の生産性や質の向上をめざしている。作物の栽培《さいばい》技術から流通やシステムまで幅広《はばひろ》く学ぶため、自然科学と社会科学の両方の要素が含《ふく》まれる。かつては農学科の名称《めいしょう》の大学が多かったが、今は組織が改変され少なくなった。生産農学科、農業生産科学科などは、従来の農学科に近い。環境《かんきょう》農学科、地域総合農学科、生命農学科などは、従来の農学科より学ぶ幅《はば》が広がり、特色がある学科だ。

作物をとりまくすべてを扱《あつか》うので、植物のみならず微生物《びせいぶつ》や昆虫《こんちゅう》まで対象に学ぶ。農作物の特質や栽培《さいばい》技術について学ぶ科目には、「作物学」「栽培《さいばい》学」「園芸学」「植物育種学」などがある。栽培環境《さいばいかんきょう》について学ぶ科目には、「土壌《どじょう》学」「肥料学」「農業気象学」など。また、植物を病気や害虫から守る「昆虫《こんちゅう》学」「雑草学」「植物病理学」なども学ぶ。

こうした基礎《きそ》分野に加え、「農業経営学」や「農業経済学」など農業ビジネスにかかわる科目、先端《せんたん》農業に欠かせない「バイオテクノロジー」、あるいは「植物生態学」「昆虫《こんちゅう》生態学」など生態系についてもしっかりと学ぶよ。

フィールドワークを重視

農学科で欠かせないのは、農業を体験する農場実習や農場研修だ。どの大学も農場や栽《さい》培《ばい》施設《しせつ》をもっていて実習を行う。土を耕し、種まきから収穫《しゅうかく》まで実習は1年続く。水田で稲作《いなさく》を行う大学もあるし、栽培《さいばい》する作物を選べる大学もある。どうしたらうまく育つか栽培《さいばい》の難しさを実感しながら、作物の特徴《とくちょう》も学ぶことができるんだ。実習により、学んだ専門科目の理解も深まるというわけ。大学ではこうしたフィールドワークを重視している。

卒業研究では、農業にかかわる生物の現象の解明、農業の現場で役立つ技術や新品種の開発などのテーマが選ばれることが多い。DNAレベルから生態系まで研究の範囲《はんい》は幅広《はばひろ》いけれど、やはりフィールドワークが中心だ。

Q7 農芸化学系の学科では何を学びますか？

化学を応用する

農芸化学は、化学を応用することが特徴《とくちょう》。動物や植物、昆虫《こんちゅう》、微生物《びせいぶつ》など農学で扱《あつか》う生物の生命現象を化学的な手法で解明し、それらを利用する学問だ。たとえば、動植物がもつ有用な物質を見つけて、その健康効果を調べるなどだ。食品や環境《かんきょう》、生命の分野に関して幅広《はばひろ》く研究が行われている。

農芸化学科という名称《めいしょう》を使う大学は、最近は少なくなったが、生物応用化学科、生命科学科、応用生物科学科などが農芸化学を学ぶことのできる学科だよ。

入学するとまずは、化学、生物学、物理学など、自然科学の基礎《きそ》を学ぶ。さらに、生物科学や微生物《びせいぶつ》学などの専門科目に進む。みっちりと学ぶのは、無機化学、有機化学、生化学、物理化学、分子生物学などの化学系の科目だ。

これら化学系の科目を基礎《きそ》にして、専門性の高い科目を学んでいく。土壌《どじょう》や肥料に関

する「土壌《どじょう》学」「植物栄養学」、農薬や害虫駆除《くじょ》に関する「農薬学」「天然物有機化学」、発酵《はっこう》や醸造《じょうぞう》に関する「発酵《はっこう》学」「醸造《じょうぞう》学」「酵素《こうそ》化学」、食品や栄養に関する「食品化学」「栄養化学」などを学ぶよ。化学のつく科目が多いね。

実験が多い

実験が多いのも農芸化学科の特徴《とくちょう》だ。1年生では、基礎《きそ》化学実験や微生物《びせいぶつ》実験など、実験の基礎《きそ》を学ぶ。2年生になると、有機化学実験、無機化学実験など、もう少し難しい化学実験を行う。また、生化学実験、食品分析《ぶんせき》実験、環境分析《かんきょうぶんせき》実験などいろいろな専門的な実験も行われる。毎日実験だらけの生活になりそうだね。また、食品製造実習、食品加工実験などが行われる大学もある。

3年生の後半から4年生になると研究室に入り、卒業研究を行う。生活にかかわりの深い食品や環境《かんきょう》分野のテーマに取り組んだり、植物や微生物《びせいぶつ》の有用成分を分析《ぶんせき》したりと農芸化学の研究分野は幅広《はばひろ》い。卒業研究ではまた、たくさんの実験をするんだよ。

動植物を化学的に研究する。実験も多い

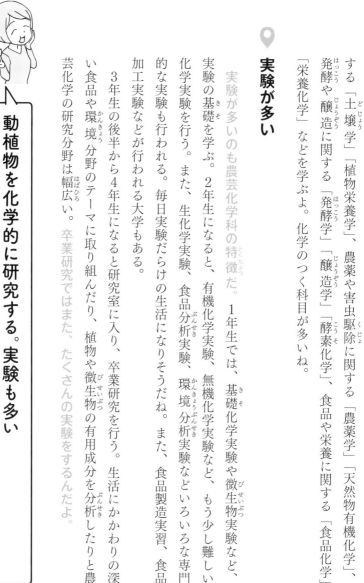

Q8 農業工学系の学科では何を学びますか？

工学を応用する

農業に関する課題について、土木工学や機械工学を応用して研究するのが農業工学だ。たとえば、土木工学を利用して灌漑《かんがい》、農業排水《はいすい》など農地の問題を解決する「農業土木」、機械工学を利用して農業生産技術を改良する「農業機械工学」などがある。だが、最近は自然と調和して、持続的に農業を行うために工学を応用するように、農業工学のあり方が変化してきたんだ。農業も含《ふく》めて、自然環境《かんきょう》の保全に工学を応用するというところかな。

農業工学は、農学の重要な一分野であり、以前は多くの農学部にも農業工学科が設けられていたが、近年は農業工学科という名称《めいしょう》を変更《へんこう》したり、ほかの学科と統合したりして、環境《かんきょう》工学科、地域環境《かんきょう》学科、生産環境《かんきょう》工学科などになっている。また、学科のなかの一分野として、環境《かんきょう》工学コース、環境《かんきょう》工学専攻《せんこう》などになっていることもある。

メインは土木系と機械系

主な専門分野は、土木工学を応用する「農業土木」と、機械工学を応用する「農業機械工学」だ。入学すると、数学や物理など自然科学の基礎《きそ》科目と、農業工学の基礎《きそ》を学ぶ。農業土木系では水理学、土壌《どじょう》物理学、農村計画学、流水システム学、地域開発学などの専門科目を、農業機械系では農業機械学、農業施設《しせつ》学、ロボット工学などの専門科目を履修《りしゅう》する。水理学は水の力やエネルギーを考える学問で、土木工学で重要な基礎《きそ》科目だ。

実習も豊富だ。実際に測量機を使って測量をする測量実習、水の流れを実験水路や水槽《すいそう》など特別な実験施設《しせつ》で実験する水理学実験など。また、トラクターやコンバインで農作業をしたり、リモートセンシングやGIS（地理情報システム）を使った実習もある。リモートセンシングはものに触《さわ》らず調べる技術のこと。たとえば、人工衛星やドローンに搭載《とうさい》したカメラで農作物のようすを観察するなど、農地や農作物の情報を得るのに役立ち、スマート農業を支える重要なツールだ。企《き》業《ぎょう》や農家での実地体験の機会もあるよ。

工学の視点から農業の課題を解決する

Q9 農業経済系の学科では何を学びますか？

経済の視点で農業を学ぶ

農業経済学は、農業を経済や経営学、社会学など社会科学の面から研究する学問だ。農業を産業としてとらえ、農産物の供給や流通、販売《はんばい》などのシステムを研究する。農業の経営、食料の安定供給、農村地域の環境《かんきょう》維持《いじ》など、社会的な問題や事柄《ことがら》に取り組む。

農学部の多くの分野は理系だが、この学問は文系で経済学の一分野だ。取り扱《あつか》う問題は日本にとどまらず途上《とじょう》国の開発、先進国と途上《とじょう》国の相互《そうご》関係など世界に広がっている。人口急増による食料不足が懸念《けねん》されているので、その解決のために環境《かんきょう》を守りつつ、食料供給をめざすことが必要だ。海外での農業指導や開発支援《しえん》も重要なテーマだ。

このように研究テーマが多様なため、農業経済学科もあるが、食料環境《かんきょう》経済学科、食料資源経済学科、産業経営学科、食料農業システム学科などに名称《めいしょう》を変えた大学も多い。また、組織を改編し、食料環境《かんきょう》経済学コース、社会経済学コース、農業経済学ユニット

などのコースを設けている大学もあり、学ぶ内容が細分化している。

現地調査や統計解析《かいせき》を重視

この分野では、データ分析《ぶんせき》や現地調査が重視される。そのため、農業や経済学の知識とともに、統計など数理解析《かいせき》の方法を身につけることが求められるんだ。

1、2年生にかけて、経済学や数学、語学などの一般《いっぱん》科目や農業経済学など専門基礎《きそ》科目を学ぶ。その後、農政学、農業経営学、農村政策論などの専門科目をみっちりと学ぶ。

演習では、社会調査や統計解析《かいせき》など分析《ぶんせき》手法を身につける。また、農村に滞在《たいざい》して現地を調査する農村実習、聞き取り調査などをするフィールドワーク、農業体験をする農業インターンシップなどが行われる。海外研修が行われる大学もある。

海外での活動のために、4年間語学の授業が続き、TOEICなどの検定対策をする大学もある。農業資源と環境《かんきょう》、食料と国際協力など、農業と経済にかかわるテーマをゼミで深く学び、研究室で卒業論文にまとめていく。

農業を文系の視点から学ぶ学科だ

Q10 森林科学系の学科では何を学びますか？

森林の利用や保全について学ぶ

森林についてあらゆる面から科学的に研究するのが森林科学だ。日本の国土の約7割が森林で占《し》められている日本では、樹木を伐採《ばっさい》し、木材を生産する林業は重要な産業だね。そこで、森林を資源としてとらえ、林業の面から研究することを重要な目的として、林学と呼ばれてきたのがこの学問だ。これまでの林業についての研究に加え、今は森林を生態系としてとらえ、森林や生態系の保全に関する研究が主流になっている。

たとえば、熱帯雨林の現象で大気中の二酸化炭素が増加したことが地球温暖化の要因になっていると考えられている。森林と地球環境《かんきょう》にかかわる問題を研究するのは重要だ。こうした研究の変化によって、林学から森林科学と呼ばれるようになっている。

そこで、林学部や林学科は、森林科学科などに名称《めいしょう》が変更《へんこう》されている。また、生物資源学部に森林科学コース、木質科学コースなどを設けているところもある。森林科学を学

びたいのなら、「森林」「木材」などをキーワードにして大学を調べてみよう。

演習林で実習がある

森林系の学科では、持続可能な森林の育成や保全に取り組める専門知識を身につけることに主眼が置かれている。

1~2年生では、基礎《きそ》科学のほか、樹木学、測量学など専門基礎《きそ》を学ぶ。また、造林学、木材化学、砂防学、森林工学など森林科学に関する専門科目も履修《りしゅう》する。砂防とは土砂災害を防止する手段のひとつで、砂防学では土砂災害を防止するための水や土の動きについて勉強する。森林科学はキノコや微生物《びせいぶつ》も対象とするので、キノコ学なんて授業もある。また、社会科学から森林を見ることも必要なので、森林文化論、森林経営学なども学ぶ。

森林科学科のある大学は、演習林をもっているところが多く、そこで実習が行われる。森林の面積、樹木の種類や高さ、生育状況《じょうきょう》などを調査し、森林の構造や環境《かんきょう》などの理解を深める。森林や野生生物を管理するためのモニタリングや植林の実習もある。

Q11 畜産学系の学科では何を学びますか？

家畜《かちく》から動物全般《ぜんぱん》へ

畜産《ちくさん》学とは、ウシやブタ、ニワトリなど家畜《かちく》の研究を行う学問だ。動物の生命現象をあきらかにして、家畜《かちく》の改良や病気を予防し健康に育てる方法などに役立てる。また、畜産《ちくさん》業の経営改善などを研究する。

乳製品や食肉加工品の栄養、ペットとのコミュニケーション、野生動物の保全など研究分野はいろいろあるよ。

畜産《ちくさん》業のための学問から、動物全般《ぜんぱん》の科学へと畜産《ちくさん》学の役割も変わってきており、学部や学科の名称《めいしょう》も、畜産《ちくさん》学部や畜産《ちくさん》学科から、畜産《ちくさん》科学科、応用動物科学科、動物生産科学科、動物応用科学科などに変更《へんこう》されている。家畜《かちく》の健康の研究など、獣医学《じゅういがく》部や獣医《じゅうい》学科と重なる部分も多い。

動物についてさまざまな面から学ぶ

1、2年生では生化学や生態学、遺伝学、統計学などを学んだ後、専門的な科目を履《り》修《しゅう》する。解剖《かいぼう》学、家畜《かちく》生理学、動物栄養学、動物行動学、動物繁殖《はんしょく》学、動物育種学、飼《し》料《りょう》管理学など動物についてあらゆる面から学び、実験や実習などで理解を深める。

解剖《かいぼう》学で動物の基本構造や機能を学び、解剖《かいぼう》実習で動物の臓器や組織を観察し知識を深める。動物育種学で家畜《かちく》の品種や品種改良を学び、育種学実験で家畜《かちく》の体型測定や超音《ちょうおん》波《ぱ》診断《しんだん》、遺伝子の解析《かいせき》などを行う。動物行動学は家畜《かちく》の行動の原理や機能を学ぶ。

畜産《ちくさん》系の学科ならではの実習は牧場実習があげられる。牧場で乳牛やブタなどの家畜《かちく》を実際に扱《あつか》う実習で、飼料《しりょう》作物や家畜《かちく》の飼育《しいく》管理に関する基礎《きそ》的な知識を現場で体験しながら学ぶ。ウシを引っ張るロープワークや餌《えさ》やりに搾乳《さくにゅう》、機械に乗って作業もする。畜《ちく》産《さん》の現場で必要なさまざまなことを体験するんだ。

Q12 水産学系の学科では何を学びますか？

海から川まで

魚介類《ぎょかい》など水産生物を中心に、増殖《ぞうしょく》、漁獲《ぎょかく》、加工、流通まで水産業全体を研究するのが水産学だ。河川や湖沼、浅海に深海までほぼすべての水域に起こる事象や生物を対象にしている。海に囲まれた日本の水産業を支える重要な学問分野だが、近年では乱獲《らんかく》による水産資源の減少が懸念《けねん》されていて、水産資源の管理も重要なテーマだ。また、埋《う》め立てや廃棄《はいき》物など海洋の環境《かんきょう》問題などの研究もさかんに行われている。

水産学を学べる学部や学科は、かつて水産学部や水産学科という名称《めいしょう》だったが、今は海洋科学部や生物資源科学部、海洋生命科学部などに変更《へんこう》されているところが多い。また、海洋資源科学科、海洋生物環境《かんきょう》学科、アクアバイオ学科や、学科の中の水産生物科学コース、海洋生物生産学コースなどでも水産学が学べる。

水産学ならではの乗船実習

水産学は生物や化学、物理、経済学など多岐《たき》にわたる学問を土台にして、それらを総合的に組み合わせて成り立っている。そこで入学するとまず、これら自然科学の基礎《きそ》と水産概論《がいろん》など水産の基礎《きそ》を学ぶ。その後、専門分野に進む。

専門分野は、漁業に関する幅広《はばひろ》い技術を研究する「水産資源学」、魚類の増殖《ぞうしょく》や繁殖《はんしょく》、品種改良などを研究する「水産増養殖《ぞうようしょく》学」、海洋環境《かんきょう》について研究する「海洋環境《かんきょう》学」、水産物の加工や保存について研究する「水産化学」に分けられる。各専門分野の基礎《きそ》を学んだ後、いずれかを専攻《せんこう》してより深く学ぶ。また、水産経済学の専攻《せんこう》では、水産物の流通や市場などについて学ぶ。この専攻《せんこう》は文系だ。

実験や実習も多く、水産系の学科ならではの実習には乗船実習がある。これは漁船に乗り込《こ》んで海洋を観測したり、生物を採取したりする。また、磯《いそ》や海洋で生物を採集し、調査する海洋実習、水産加工品を製造する製造実習など、実習もバラエティーに富んでいる。

水産業が研究対象で、乗船実習があるのが特徴《とくちょう》だ

Q13 農学部と結びつきやすい学問ジャンルはなんですか？

あらゆるジャンルと結びつく

農学は、農作物などの栽培《さいばい》や生産技術だけでなく、農業生産における社会的なかかわりや農業の経営や政策まで幅広《はばひろ》く研究する学問だ。そのため、もともと複数の学問とかかわっていたが、人と自然が共生するための科学、生命、食料、環境《かんきょう》にかかわる学問というように広がっている。だから農学の中には化学や医学、工学に近い領域もあれば、環境《かんきょう》保全やエネルギー生産なども含《ふく》まれる。また、生命科学の最先端《さいせんたん》の研究を行う分野でもある。

農学の基本的なプロセスは、生物の生きている仕組みをあきらかにして、生物を社会に役立てる方法を考えるということだよ。生きている仕組みがわからなければ、栽培《さいばい》技術を確立できないし、作物の成分がわからなければ、よい食品はできないよね。その点では自然科学の基礎《きそ》研究をする「理学」のさまざまな分野と結びついている。生態系をあきらかにしたいならば生物学と、生体成分を分析《ぶんせき》したいなら化学とかかわるよ。また、育種や品

種改良では遺伝学とも結びつく。作物などの栽培環境《さいばいかんきょう》を研究するならば気象学や地理学と結びつくし、環境《かんきょう》データを得たり、解析《かいせき》したりするなら情報科学が結びつく。

多様な分野と結びつく

農学は「生物を社会に役立てる方法を考える」という実学の面が重視される。つまり、理学のような基礎《きそ》研究をベースにしながら、いろいろな分野と組み合わせながら応用していくことが特徴《とくちょう》なんだ。

農業工学は、土木や機械工学を農学に応用するので、工学が結びついた分野といえる。

農芸化学は化学が組み合わさった分野だが、医薬品に応用するとなれば薬学と、栄養機能を研究するなら栄養学と結びつく。農産物の加工では家政学や工学とも結びつく。森林科学や水産学でも、理学や工学、環境《かんきょう》などと広く結びついているよ。

生命科学などで、医学とかかわり、医学と連携《れんけい》した教育プログラムもできている。

農業経済学は、経済学と融合《ゆうごう》した分野だ。社会科学とも関連するね。

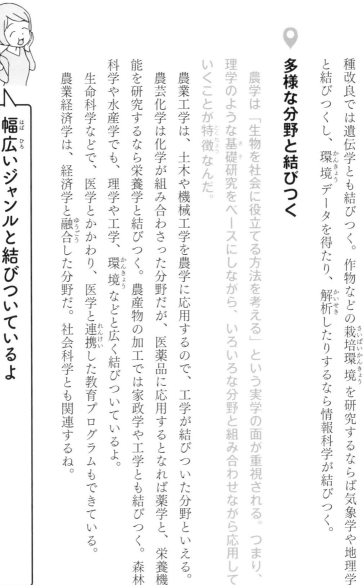

生物の本質を見つめよう

教員
インタビュー
1

東京農工大学《とうきょうのうこうだいがく》
農学部応用生物科学科　教授
野村義宏《のむらよしひろ》さん

編集部撮影

農学博士。東京農工大学大学院修了《しゅうりょう》後、同大学の助手や助教授を経て現職。コラーゲンやケラチンなどを中心に、生物資源の有効活用について研究している。

生物全般《ぜんぱん》を学ぶ学部

農学部は植物、動物、微生物《びせいぶつ》と、生物全般《ぜんぱん》について学ぶ学部です。農業などの第一次産業や工業などの第二次産業にもかかわります。食べ物の生産から人の口に入るまで、すべての過程を網羅《もうら》する学問で、なんでも学ぶことができるデパートみたいな学部です。

ですから、生物に加え、化学、物理、地学など、あらゆる科学を学ぶことになります。基本は土づくりです。木を植えて森ができるまで50年かかるように、生物を相手にするためには、長い目で見ることができる根気も必要です。

実際、農学部には、生物の好きな人がたくさん入ってきます。外国人の留学生も多く、インドネシアなど東南アジアとの交換《こうかん》留学もさかんです。

私自身が東京農工大学（農工大）の農学部に進学したのは、農学を学んでおけば、「食べていける」と思ったからです（笑）。ちょうど当時は、食料危機がさかんに叫《さけ》ばれていた頃《ころ》でした。

卒業後も大学に残り、今は、魚のうろこや皮に多く含《ふく》まれているコラーゲンをうまく活用できないかと研究しています。コラーゲンは動物の体を構成する主要なタンパク質で、食料（ゼラチン）、衣料（皮革《ひかく》）、写真用ゼラチン、医療《いりょう》、化粧品《けしょうひん》、健康食品など広範囲《こうはんい》で利用されています。

もともとはコラーゲンにくっつくタンパク質を研究していたのですが、地域おこしの一《いっ》環《かん》で特産品のサメ（ふかひれ）に多く含《ふく》まれるコラーゲンやケラチンに着目したのがきっかけで、この研究に至りました。ケラチンもコラーゲンと同様に、動物の体を構成するタンパク質です。

学内にはコラーゲンやケラチンをつくる設備もあります。使用ずみの布団羽毛から抽《ちゅう》出《しゅつ》したケラチンを化粧品《けしょうひん》材料にするなど、企業《きぎょう》との共同研究もたくさん行っています。

農学部は実習が豊富

農工大の農学部では、生物と化学を基本に学びますが、作物学や植物病理など植物に関する専門科目が多めです。新入生科目には「基礎《きそ》ゼミ」という専門にとらわれない横断科目があり、農学に関する広い知識を身につけます。実習が多くて、2、3年生の時には、午後はほとんどが実習です。農学は実学なので、体験しないとわからないことがたくさんあるからです。

　農工大は都内にありながら、農業のすべてを備えています。水田や畑、果樹園もあれば、ウシやヤギ、ニワトリなどの家畜《かちく》もいるし、ブルーベリーの植物工場もあります。そこで、農場実習では、稲作《いなさく》や畑作を行ったり、果物の剪定《せんてい》や搾乳《さくにゅう》も体験したりします。ジャムやアイスクリームをつくるなど、食品加工も実習します。

　私は、化学実験などの学生実験を担当しています。チーズの成分を調べるなどの実験を通して、食品分析《ぶんせき》の手法を学生に身につけてもらいます。また、東日本大震災《ひがしにほんだいしんさい》の復興の一環《いっかん》として、福島《ふくしま》県郡山《こおりやま》市の廃校《はいこう》になった校舎で、スーパーアグリサイエンススクールを担当しています。これは小学5、6年生を対象に、「イカとヒトの違《ちが》いは？」、「ゼラチンって何？」など身近なものを使って、農学や生物の楽しさを体験してもらっています。学生ボランティアが講師となって講義や実習を行っているので、学生にとってもよい経験になっています。

自主性の強い学生が多い

　農工大の学生は、主体性や自主性の強い人がたくさんいる印象があります。農業に関していえば、自主的に海外に農業体験に行く学生もいますし、全国の農家に泊《と》まり込《こ》みで手伝いに行くような、農業体験サークルもあります。また、オープンキャンパスでは学生が自主的にイベントを開催《かいさい》し、大学の魅力《みりょく》を伝えてくれています。

　卒業後は、大学院修士課程に進学する人が大半で、その後は企業《きぎょう》に勤める人がほとんどです。食品メーカーや飲料メーカーなどの製造業から専門性を活かした仕事まで、就職活動をする人が多いです。

一方で、農政にかかわる公務員や普及《ふきゅう》指導員になる人もいます。最近は、農地を手に入れて就農した人や、夫婦で酪農《らくのう》を始めた人もいます。農学はフレキシブルな学問で汎用《はんよう》性が高いのが特徴《とくちょう》で、基本を学んでおけば、応用が利きます。そのため、幅広《はばひろ》い職種で活躍《かつやく》ができるのです。

また、農工大は卒業生とのつながりが強く、卒業後もキャンパスに遊びに来やすい雰囲気《ふんいき》があります。府中《ふちゅう》のコミュニティFMで「農工ラジオ」という番組を学生たちが担当しており、農工大の知名度をアップすることを目的としています。その番組にもたくさんの卒業生がゲストで参加し、活躍《かつやく》ぶりを話してくれています。

本質を見極めて

農学は生物の本質を見極め、応用する学問です。ですから、みなさんの身のまわりにあるものの本質を見てほしいと思っています。

たとえば、「この雑草がなぜ生えているのだろう」とか、「この食べ物はなぜおいしいのだろう」とか。そんな些細《ささい》なことからでいいので、一生懸命《いっしょうけんめい》に考えていると、本質が見えてきます。

そして、命を大事にしてほしいです。それを突《つ》き詰《つ》めていくと、食品ロスのない世界をつくることになります。これは農学がめざすつぎのステップです。

間口が広い学問なので、農学を学べば生きる道は開けると思いますよ。

つぎの時代の農学とは

教員
インタビュー
2

東京農業大学《とうきょうのうぎょうだいがく》
農学部デザイン農学科　教授
長島孝行《ながしまたかゆき》さん

著者撮影

農学博士。東京農業大学大学院博士課程を修了《しゅうりょう》後、同大学の助手や助教授を経て、現職。カイコなどの生物の構造や機能を社会に役立てるための研究を行っている。

農学は第3の科学

農学はよく「第3の科学」と言われます。それはピュアな理系でもなく文系でもなく、「自然」と「人」の両方を考えて進める応用科学だからだと思います。

東京農業大学（農大）の初代学長でもある横井時敬《よこいときよし》は、「農学栄えて、農業滅《ほろ》ぶ」という言葉を残しました。これは農学という学問が栄えても、そこから得られた知見が実際に社会に役立つ利益をもたらさなければならないという意味だと思います。理学部や文学部と違《ちが》い、医学部、薬学部、経済学部などのように農学は実学だからです。

時代は常に変わっています。農学のような応用科学は、その時代に合わせることも必要なことです。またこれまでは生産することが主軸《しゅじく》で、生産者にしか目を向けていなかったのですが、これからは消費者側にももっと目を向ける必要があります。

農学で社会の課題を解決する

これまで食料生産を支えてきた農学は、今後は環境《かんきょう》問題や資源エネルギー問題を解決し、持続社会をめざすものとして発展することが期待されています。農大の農学部では、その実践《じっせん》的な取り組みを教育するためにこれまでにはない戦略的な新学科「デザイン農学科」をつくりました。

「デザイン」というと芸術的なことと思われそうですが、その意味は「社会課題を解決する」ということです。生物や自然素材の機能性を利用したものづくり、食や環境《かんきょう》、社会福祉《ふくし》（農福連携《れんけい》）など、さまざまな社会問題を解決できる人材を育てられるよう、2年生までは幅広《はばひろ》く学べるようになっています。

農学部では「農学原論」という講義が必修です。これは農学部全学科の1年生が、農学の歴史、問題点、社会課題、最新農業、可能性など、4人の先生から同じ内容を学びます。また、全学科が毎週金曜日に農業実習をします。社会が農学部に期待する知識や技術の体系を、すべての学生が修得できるようなカリキュラムになっているのです。

私の生物機能開発学研究室では、アクティブラーニングとして、福島県と埼玉《さいたま》県で小学生を対象にした「田んぼの学校」を学生とともに開催《かいさい》しています。カブトエビという小さな生き物の除草機能を利用して農薬に頼《たよ》らないコメづくりを実現するというもので、地元の子どもたち、住民の方々が積極的に参加してくれています。学生もともに田植えや稲刈《いねか》りなどの作業を行いながら、持続する地域について考えるよい機会にもなります。

社会で幅広《はばひろ》く活躍《かつやく》する

農大の卒業生は、食品関連の企業《きぎょう》に就職する人が多くいます。就職活動時は専門性がないため、自分に向いている企業《きぎょう》を探すことは難しいでしょう。ただ、農大＝食というような先入観をもたず、幅広《はばひろ》い業界にチャレンジしてほしいと学生には話しています。

研究室では生物の機能性を調べるために、多くの分析装置《ぶんせきそうち》を使用します。その結果、分《ぶん》析《せき》機器のエンジニア、研究者、化粧品《けしょうひん》などの機能性素材開発、まちづくりにたずさわるシンクタンクや行政などの仕事に就く卒業生がいます。さらには学生時代のアクティブラーニングを活かして起業した人もいます。

持続可能な社会をめざした研究

私自身は、ナノテクノロジーの技術を使っていろいろな素材を開発しています。ナノテクノロジーとは、ふつうの顕微鏡《けんびきょう》では見ることもできない小さな世界の中で、ものづくりをめざす技術です。

20世紀はある意味、石油を軸《じく》にした時代でしたが、こうした地下資源はいつまでもあるものではありません。環境《かんきょう》さえ整えれば再生する資源（水、生き物、風など）を知的に利用し、持続可能な社会を実現できるはずです。時代の流れを広い視野からとらえ、社会の課題を解決したいのです。

たとえば、タマムシの体やクジャクの羽の色は、金魚のように色素によって色が出るのではなく、ある構造をもつことで色が発色しています。これを「構造色」といいます。このメカニズムを調べて応用すれば、塗料《とりょう》を塗《ぬ》らずに色を出すことができるのです。この技術で金属などに色をもたせれば、その金属はリサイクルが可能になります。現在私たちはステンレスやチタンで実施《じっし》していますが、変色することも、錆《さ》びることもありません。

また、持続可能な養蚕《ようさん》業をめざした研究も進めています。かつて日本の主要産業は養蚕《ようさん》業でしたが、今はほぼありません。そこで、私たちは人工飼料《しりょう》を利用し、無菌室《むきんしつ》で養蚕《ようさん》をする技術を開発しました。人が部屋の中にまったく入らないので病気もありません。餌《えさ》である桑《くわ》の成長に合わせる必要もなく、年に何回でも養蚕《ようさん》ができます。これにより日本のシルクの自給率は100パーセントになるだけではなく、輸出も可能となります。

基礎《きそ》研究からものづくりまで一貫《いっかん》した方向性で研究を行っているため、学生は得意なことから研究する楽しみを味わっています。

やらないことは未来を閉ざすこと

みなさんには、得意なことや不得意なことがあるかと思います。でも、不得意だからといって閉ざしてしまうのは実にもったいない。未来を消してしまうことになります。

「やる」「やらない」は別なので、まず好きなところから入りましょう。やれば可能性が広がり、嫌《きら》いだと思っていた分野にも目が向くかもしれません。最終出口はひとつ「心豊かな社会をつくること」なのです。

閉じこもることなくつぎつぎと壁《かべ》を破り、自分で切り拓《ひら》いていきましょう。

3章

農学部のキャンパスライフを教えてください

Q14

農学部ならではの授業はありますか？

農場実習

農学部は実習や実験が多いのが特徴《とくちょう》だ。そこで、農学部ならではの実習をあげてみよう。大学によって実習の名称《めいしょう》が異なることもあるよ。

入学するとまず行われるのは、農場実習だ。農学部のある大学は農場をもっていて、畑や水田、畜舎《ちくしゃ》、加工場などの施設《しせつ》を備えているんだ。それらの施設《しせつ》を利用し、農作物の栽《さい》培《ばい》や管理、収穫《しゅうかく》から加工まで農作業をひと通り経験する。土にふれ、作物を育てるのは、農学部ならではの授業だね。稲作《いなさく》や家畜《かちく》の飼育《しいく》など、大学によって特色があるよ。

授業で作物について学んでも、実際にその作物を栽培《さいばい》し、育つようすを見てみないと本当の知識にならない。だから、授業の理解を深めるには実習は重要だ。また、農業の大変さや収穫《しゅうかく》の喜びを体験すると、農業が身近になり、学生生活へのモチベーションが高まる。

また、ビニールハウスやガラス室など高度な設備をもつハウス栽培《さいばい》、植物工場、ドロー

ンを使った農業など、高度な技術や先端《せんたん》技術を体験する実習もあれば、大規模生産農家や農産物流通現場を見学して、農業についての専門的な知識を深める実習もある。

栽培《さいばい》管理

生産農学系の学科では、より専門的な栽培《さいばい》実習を行う。自分たちで栽培《さいばい》する作物を選び、栽培《さいばい》計画を立てる。その計画に従って、与《あた》えられた畑を整地し、種まきを行う。畑の肥料やりや害虫駆除《くじょ》、除草も全部自分たちの計画で進めるんだ。収穫《しゅうかく》まですべて自分たちで作業することで、一貫《いっかん》した作物の生産管理の技術を身につけることができる。栽培《さいばい》している間には、さまざまな問題が起こるが、自分たちで考え、話し合いながら解決するんだよ。

食品加工実習

農芸化学系の学科など、食品を扱《あつか》う学科では食品加工実習がある。自分たちが収穫《しゅうかく》した農作物を加工することもあるよ。この実習では、食品の保存性を高める技術や、おいしくする技術を学ぶ。加工の原理を理解し、食品衛生や食品の安全についても考える。

大学の食品加工設備を利用して、実習は行われる。ジャムやパンなどをつくる農産加工、ハムやソーセージなどをつくる食肉加工、チーズやアイスクリームなどをつくる乳加工など大学によって異なるよ。みそなどの発酵《はっこう》食品をつくることもある。つくった食品はもちろん自分たちで試食するが、学園祭で試食会を開いたり、販売《はんばい》することもある。

畜産《ちくさん》実習

家畜《かちく》の世話をして、動物を管理する知識や技術を身につける実習だよ。餌《えさ》やり、授乳、乳しぼりや散歩などの世話、体重測定や餌《えさ》の食べ具合の観察など、現場での管理技術を身につける。解剖《かいぼう》実習ではウシやブタを解剖《かいぼう》し、臓器の位置や名称《めいしょう》を覚える。細胞《さいぼう》を顕微《けんび》鏡《きょう》で観察する実習や、細胞《さいぼう》からDNAを取り出して解析《かいせき》とミクロの体験もする。ニワトリの発生過程を観察したり、人工授精を体験したりと、生殖《せいしょく》や発生について広く経験するよ。

演習林で野外実習

森林科学系の学科ならではの授業は、森林に出かけて行う実習や演習だ。実際に森林に出かけ、森林のようすを観察しないと、森林のことは学べないよね。多くの大学は演習林という、実習用の森林をもっており、そこで実習が行われる。野外実習は重視され、在学中の4年間に何度も演習林に通うことになる。

まずは樹木を観察することが基本だ。そして、樹木や森林の植物を覚え、植物の分布を調べる植生調査を行う。また、測量調査や土壌《どじょう》調査の方法を学ぶ。さらには間伐《かんばつ》や枝打ち、植林など森林管理を体験し、防災方法も学ぶ。木材加工実習では、間伐材を使って椅《い》子《す》などをつくることも。森林に何度も通うので、その周辺の自然にくわしくなるし、森林と人との調和について考えるようになるね。

農業の現場を知る

農業経済系の学科では、農業の経営や経済的な問題の解決をめざす。そのためには、農業の現状を理解し、農業に関する広い知識を身につけることが必要だ。そこで、農村の生活を知り、農作業を体験するための農村実習が行われる。農村に2、3日滞在《たいざい》して農作業を体験し、地域の人と交流しながら、その地域の農業の特色や取り組みを知るんだ。

また、高学年になると農村調査実習がある。農村に出かけ、行政や農協、農家などを回り、聞き取り調査やアンケート調査などを行う。ゼミ単位で行われることが多く、自分の研究課題によって調査の内容を決めて進めるんだ。海外の農村まで訪問する場合もあるよ。

実習や実験、調査が目《め》白《じろ》押《お》しだ

Q15 農学部ならではの授業外活動はありますか？

農作業を体験

農学部ならではのサークルや部活動といえば、農業系サークルやボランティアサークルなどがあげられる。農業サークルでは、大学内の農地を利用したり、農地を借りたりして、野菜や果物を栽培《さいばい》する。単に栽培《さいばい》するだけでなく、地域の人に作物を販売《はんばい》することもある。ニワトリなど家畜《かちく》を飼育《しいく》するサークルもある。地域と連携《れんけい》して農業を支援《しえん》したり、子どもたちに農業を体験してもらい、農業や自然の大切さを伝えているサークルもあるよ。

ボランティアサークルでは、地域の緑化の手伝い、棚田《たなだ》の保存活動、森林の保全など、農学部ならではの知識や技術を活用して地域に貢献《こうけん》している。放課後や休日にも集まって、畑を耕したり、下草《したくさ》刈《が》りなど森林作業をしたりと、自然とふれあい活動しているんだよ。

農業ボランティアに取り組む学生もいる。サークル単位で取り組むこともあるが、個人で活動している人や、自治体などが運営するボランティアに登録している人も。台風や地《じ》

震《しん》などの被災地《ひさいち》で農業の復興を支援《しえん》する人もいれば、高齢《こうれい》になった農家や後継者《こうけいしゃ》のいない農家を支援《しえん》することもある。生産現場を知ることができるし、農家の人と話をするのも楽しい。作物を育てるといっても、農家によっていろいろな考え方があることもわかるんだ。

学園祭で大活躍《だいかつやく》

学園祭で農学部のイベントは人気だ。一番人気は農学部の売店じゃないかな。どの大学でもたいてい農場でつくった野菜や加工品、キノコ、花などを販売《はんばい》している。実習などでお世話になっている農家の農作物やお米が並《なら》ぶこともある。行列ができてあっという間に売り切れてしまうほど、売店を楽しみにしている地域の人もたくさんいるんだ。

売店では、農家の人たちと共同で開発した品種の野菜を使ったアイスクリームやジュースを販売《はんばい》したり、オリジナルメニューの料理を提供したりする。クラスのみんなでメニューを考え、準備するのはとてもいい経験だ。また、芋《いも》ほり体験、大根抜《ぬ》きなどの収穫《しゅうかく》体験ができるイベントも大人気。乗馬体験や餌《えさ》やり体験など、動物とふれあえるものもある。

自分たちの研究内容を展示したり、発表したりすることもある。学園祭を通して、クラスや先輩《せんぱい》たちとの距離《きょり》もぐっと近くなり、学校生活も楽しくなる。自分たちがつくったものが全部売り切れた時の充実《じゅうじつ》感も最高だよ。「農学部ってどんなところ?」と思ったら、学園祭に参加してイベントをのぞいてみよう！

農家で収穫《しゅうかく》アルバイト

収穫《しゅうかく》期になると農家は大忙《おおいそが》しだ。季節に応じて、さまざまな作物の収穫《しゅうかく》のアルバイトがあるよ。たとえば、群馬《ぐんま》県や長野《ながの》県などで栽培《さいばい》がさかんな高原キャベツや高原レタスは、短期間で収穫《しゅうかく》しなければならないので人手が必要。アルバイトの募集《ぼしゅう》がたくさんある。そこで、夏休みなどを利用してその期間、農家に住み込《こ》んで働く。畑に出て、作物を収穫《しゅうかく》するだけでなく、段ボールに詰《つ》めたり、運んだりと肉体労働で大変だけれど、農業の体験ができるし、お金も稼《かせ》げる。また、週末に地元の農家へ通って、収穫《しゅうかく》を手伝う場合もある。農業以外にも漁業や林業など、地域に応じていろいろな作業があるので、自然の好きな農学部の学生にとっては、もってこいのアルバイトだね。

アルバイトの求人情報は大学に掲示《けいじ》されることや先輩《せんぱい》に紹介《しょうかい》されることもある。豊富な知識や経験をもった農学部の学生は、農家にとっても頼《たよ》りになり、仲良くなれば、収《しゅう》穫《かく》期以外の作業でも、アルバイトの声をかけてくれることもあるよ。

世界の農業を知る

農業を体験、経験する活動が豊富だ

海外研修や留学プログラムを用意している大学もたくさんあるよ。農学部の国際農業開発、国際地域開発などを専攻《せんこう》する学科では、国際的な視点で農業を学び、農業を通して国際開発に貢献《こうけん》できる人材を養成することが目的だ。そこで、農業について幅広《はばひろ》く知るため、また国際開発につながる素養を養うために、海外実習を行っている。ゼミで海外に行って、農地を視察し、現地の学生と交流することや共同調査をすることもあるよ。

専攻《せんこう》ではなくても参加できる短期留学のプログラムもある。大学の農場や研究室を訪問して、農学部ならではの体験ができる。たとえば、ネパールやカンボジアなどで途上《とじょう》国の農業の問題や課題について考えたり、アメリカやヨーロッパなどの先進的な農業を学び、日本と異なる文化を実感したりして、国際的な視野を身につけるんだ。協定校との交換《こうかん》留学制度を利用して、海外の大学で農学を勉強する人もいる。

海外に行くことは、大きな苦労もあるけれど、得られた体験は何物にも代え難い。海外で学んだ経験を活かし、国際開発にたずさわる仕事を目標にする人もいるよ。

Q16 この学部ではどんな人や世界にふれることができますか？

農家の生活を垣間《かいま》見る

学科によって学ぶことは異なるが、農業研修や農業関連のアルバイト、ボランティアなどを通して農業や農家にふれる機会がある。

農業研修では、農家に宿泊《しゅくはく》して、農作業を経験することもある。広い畑や作業場を案内してもらい、すごいなあとまず実感。緊張《きんちょう》しながら、作業が始まる。講義で聞いた内容や実習で経験のある作業でも、実際の農場は規模が大きく、やり方が違《ちが》うこともある。慣れない作業にクタクタだけど、農家の人はこんな考えで苗《なえ》を植えているんだなとか、収穫《しゅうかく》のタイミングを決めているんだなということがわかってくる。出荷や直売所の陳列《ちんれつ》などを手伝うと、農業の経営についても考えることができる。農家の人の人柄《ひとがら》だけでなく、個人の農業についての考えにもふれることができる。農業の世界を垣間《かいま》見ることのできる貴重な体験だ。

学生によっては、多くの農家で農業体験をする人もいる。すると、作物によっての作業

の違《ちが》いや、農家ごとの農業に対する考え方の違《ちが》いもわかってくる。大学によっては海外研修コースを設けているので、参加すれば海外の農業を知ることができ、現地の農家の人に会える。また、海外からの留学生を受け入れている大学もあるので、海外の先生や学生と交流ができる。海外ではどんな農業がさかんなのか、どんな勉強をしているのかなど、いろいろなことを聞ける絶好の機会だ。

行政、農協から話を聞き、刺激《しげき》を

農業研修では、農家ばかりでなく、行政や農業協同組合（農協）、農業改良普及《ふきゅう》センターなど農業関連機関の人をはじめ、流通や販売《はんばい》など農業にかかわる人たちに会う機会がある。いろいろな人に話を聞くことによって、農業を広く見渡《みわた》すことができるし、農業にかかわる仕事を知ることもできる。将来の職業を考えるのにも役に立つよね。研修先で出会った人びとから受けた刺激《しげき》によって、将来の目標が見えてくるのではないかな。

また、研修やボランティアなどをする時、農家との橋渡《わた》しになってくれるのが、行政や農協の人たちだ。たとえば、農協を介《かい》した農業研修が行われる大学がある。学生は農協に集合して開講式。その後、農協が設定してくれた稲作《いなさく》や酪農《らくのう》、野菜などの農家で研修するという具合だ。研修で情報が欲しかったり、準備はこれでだいじょうぶかなと不安になったりしても、農協の人は親切に教えてくれる。この地域の農業の特徴《とくちょう》についても教えてくれるよ。また、卒業研究などで、農村の調査などに協力してもらうこともある。連携《れんけい》して調査を行うことで、農村地域の課題が見えてくる。

企業《きぎょう》や地域の人びととの出会い

大学では、地域貢献《こうけん》活動に力を入れているところが多い。官公庁や企業《きぎょう》、地域の機関と連携《れんけい》して、教育や研究を行っている場合がある。

たとえば、ある地域と共同で特産品を開発するなど。意見交換《こうかん》を何度もくり返しながら製品化された時の喜びはひとしおだよ。また、企業《きぎょう》の商品開発担当者や市役所の担当職員、地域の商工会議所の人や飲食店の人など、ふだんは接点がない人と出会えることは、社会を知る絶好の機会だ。この経験を通して企業《きぎょう》への興味がわき、就職するきっかけになる人もいる。

地域の人と交流し農業や食文化などの理解を深める研修会もあり、いっしょに郷土食をつくったり、意見を交換《こうかん》したりする。こうした出会いがきっかけで、卒業後もつきあいが続くこともあるよ。

また、子どもたちとサマーサイエンススクールをすることがある。そんな時は、地域の子どもたちばかりでなく、先生や保護者など多くの人と出会う。「大学生はどんな話をしてくれるんだろう」とみんな期待して待っているよ。

自然にかかわる人に出会う

自然と人のつながりを学ぶ農学は、扱《あつか》うテーマの幅《はば》が広く、実習や研修、ボランティアなどを通してさまざまな経験ができ、多くの人にめぐり合える。この項目《こうもく》では、主に農業関連の人との出会いや場を取り上げたが、学科によって、畜産《ちくさん》業や水産業などでも、同様の出会いがある。また、農林水産業以外にも、自然を守るレンジャーや環境《かんきょう》教育指導者、環境《かんきょう》コンサルタントなど、広く自然や環境《かんきょう》にかかわる仕事人と出会う機会がある。

また、4年生に入る研究室やゼミでは、他大学や自治体などと共同研究や調査をすることもある。調査や研究を通して、研究者や技術者の人びと、大学院生などに出会える。学生や研究者とグループワークやディスカッションをする機会などがあると、専門知識が深まったり、問題意識が高まったりするよ。

地域、企業《きぎょう》、行政と、ふれあえる人や世界は盛《も》りだくさんだ

Q17 農学部の学生の一日を教えてください

科目数は多い

授業は月曜日から金曜日までで一日に4時限ほど。ほぼ、朝から夕方まで授業はある。今まで紹介《しょうかい》したように、農学部は実習や実験が多く、学年が進むとその時間が増えていく。

大学の授業には必修科目や選択《せんたく》科目、自由選択《せんたく》科目があり、科目数は多い。必修科目は合格しないと卒業できない科目。選択《せんたく》科目はいくつかの科目のなかから指定された単位数に合格しないと卒業できない。自由選択《せんたく》科目は合格しなくても、卒業できるが、必要な単位数は取らないといけないので気は抜《ぬ》けないね。それらの科目を組み合わせて時間割を決めるんだ。自分の専攻《せんこう》する学科以外の授業も選択《せんたく》できるので、興味のある科目を聴講《ちょうこう》してみよう。知識の幅《はば》が広がり、卒業後にもとても役に立ったなんて声もあるよ。

農学部では理科や農業などの教員免許《めんきょ》を取得することができる。そのために教職課程を

専攻《せんこう》すると授業科目が増え、5時限目や土曜日に授業を受けることもある。

慣れるまでつらい90分授業

1時限目の授業は9時〜9時半ぐらいに始まる。1、2年生では農学関連の基《き》礎《そ》科目のほか、語学や教養科目の授業も加わる。農学部の敷地は広いので自転車を利用して、教室間を移動することもある。

午前中に2時限の授業を受ければ昼休みだ。授業は90分〜105分で、中学や高校の授業の時間よりかなり長く、慣れるまではつらいかな。

昼休みは学生食堂で定食を食べることもあれば、売店でお弁当を買って教室で

1年生の授業びっしりな一日

実習やサークルで
今日も一日くたくただ。
明日もがんばろう！

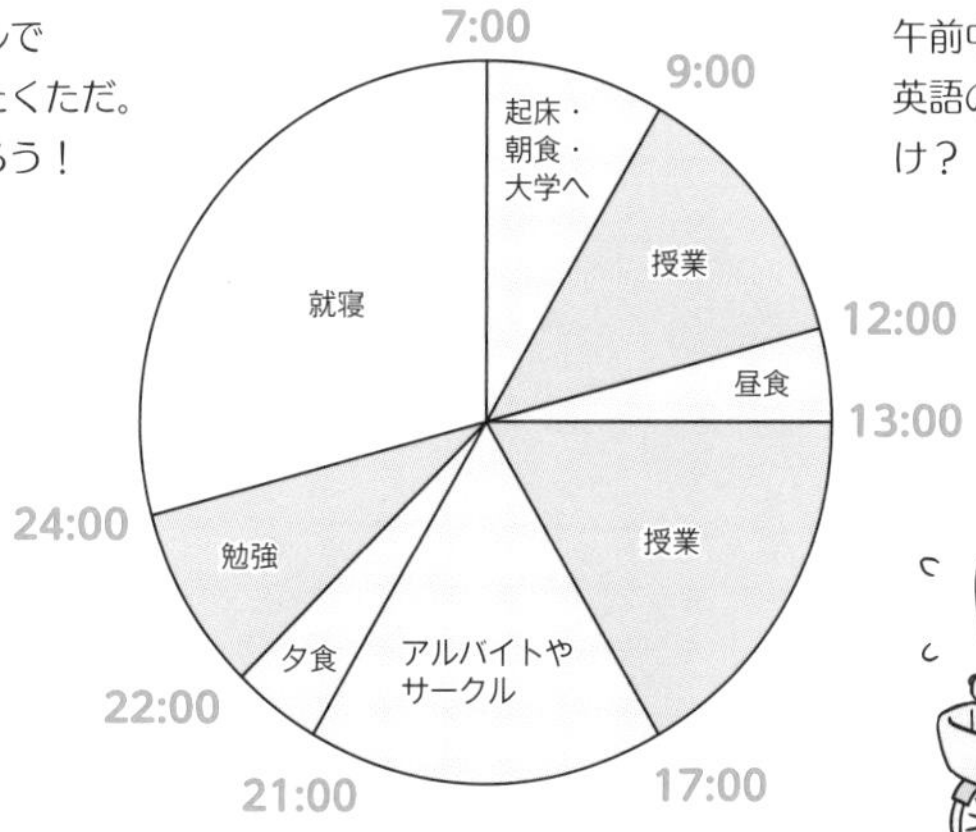

午前中は座学が多い。
英語の予習やったっけ？

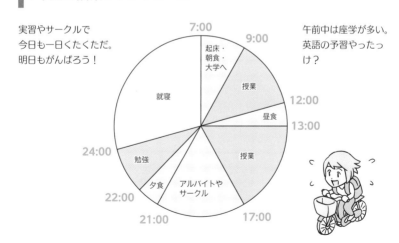

食べることもある。食堂は混むので、タイミングが悪いとなかなか昼食にありつけないことも。お弁当を持参し、天気のいい日は外で食べるのも楽しいね。

午後からは実習

午後からは実習や実験だ。実習の準備で十分お昼休みが取れないこともある。実習や実験は4、5人程度のグループで行うことが多い。

農業実習では、つなぎなどの作業着を着て、長靴《ながくつ》を履《は》いて行う。帽子《ぼうし》をかぶるのも忘れないようにね。みんなが作業着を着て、畑に並《なら》んだ姿を見ると、農学部に入学したことを実感できる。泥《どろ》まみれになっての作業は、疲《つか》れるけれど楽しい。

4年生の充実した一日

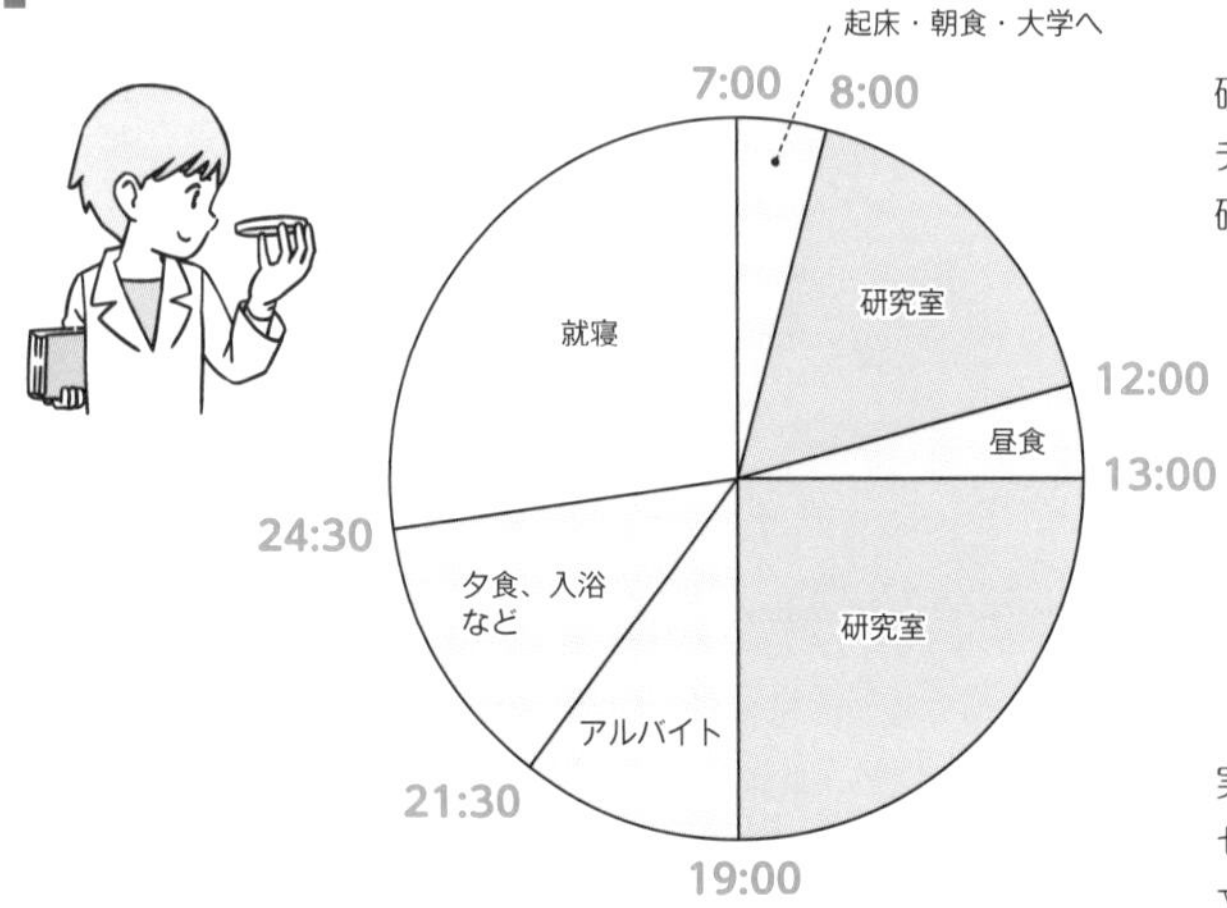

研究室ではチームを組んで研究するよ。

実験のあいまにゼミの準備や論文を読む。

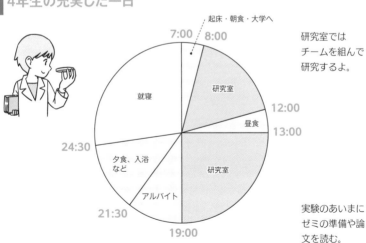

一方、生物や化学などの実験では、白衣を着て実験室で行う。農芸化学系などの学科では実験が多いよ。試薬を混ぜて化学反応を観察する化学実験もあれば、肉眼ではとても見えない細胞《さいぼう》を顕微鏡《けんびきょう》で観察する実験もある。マウスなどのモデル動物を使った実験もあるし、植物組織を小さい容器の中で培養《ばいよう》する実験もあるんだ。

レポートを書いたり、サークル活動したり

実習や実験が早く終わった日は、食堂やラウンジで同級生とおしゃべりするのが楽しい。実習や実験が終わればレポートを提出しなければならないので、空き時間は図書館やパソコン室などでレポートを書いていることも多い。

17時くらいには授業を終え、部活やサークル活動に向かう。農業実習後に、さらにサークルで農作業をする人もいる。5時限目まで授業を取ると、終わるのは18時過ぎになる。

帰宅後は夕食。サークルの帰りに仲間と夕食を食べて帰ることもある。

寝る前には明日の実習の予習やレポートの続きをする。試験前は試験勉強も大切だ。

午前中は座学で午後から実習や実験だ

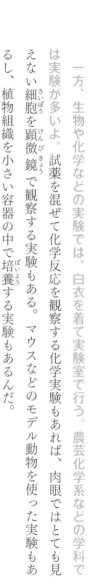

Q18 入学から卒業までの流れを教えてください

1年生——基礎《きそ》科目を広く学ぶ

大学生活の第一歩が入学式だ。オリエンテーションやガイダンスでは授業の紹介《しょうかい》や履《り》修《しゅう》の方法、教室の場所など、大学の過ごし方の説明を受ける。

1年生では、基礎《きそ》科目を勉強する。外国語、自然科学や社会科学などの幅広《はばひろ》い分野の科目や農学の基礎《きそ》科目を履修《りしゅう》する。同じような興味で進学してきた人も多く、みんなで協力して課題を進める授業も多いので、同級生と打ち解けるのもわりと早いかな。サークルやアルバイトを始める人もいる。はじめての大学生活や一人暮《ひとりぐ》らしは緊張《きんちょう》の連続で、疲《つか》れもたまる。7月の定期試験が終わり、夏休みになると少しホッとする。秋以降も授業の連続だが、学園祭があったり、キャリアガイダンスが行われたりと行事も多い。

2年生——専門科目にわくわく

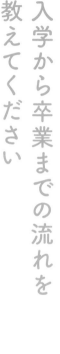

2年生になると大学生活にも慣れて、少し余裕《よゆう》ができるかな。ただ、授業も専門科目がいっきに増える。1年生の教養科目では物足りなかった人も、2年生になると興味が増す。授業も難しくなるし、専門用語なども増えてくるので、まじめに授業を受けないとまどうことも。実験や実習も増えるので、レポートやテストに追われる一年間だ。

3年生――研究室へ。将来も気になる

専門科目のオンパレードになる。3年生の前半は、2年生と同じく講義、実習が続き、放課後はサークルやアルバイトに明け暮《く》れる。講義は高度な専門知識が必要なものばかり。夏休みには国内外の農業研修に参加する人もいて、より専門的な知識を深める機会も多い。

大学生活も後半に入り、そろそろ卒業後の進路も気になる頃《ころ》。農学部といっても分野によって活躍《かつやく》の場はさまざまなので、企業《きぎょう》に就職するか、公務員になるか、進学するかなど将来の道を真剣《しんけん》に考えなくてはならない。夏休みを利用して企業《きぎょう》や自治体のインターンシップに参加する人もいる。在学中に就業体験をすると、社会や企業《きぎょう》の実情を知ることができ、自分の適性や将来設計を考えるきっかけになるよ。

3年生が終わる頃《ころ》までには、卒業研究をする研究室が決まる。大学によっては、3年生の後半から研究室に入り、卒業研究が始まる。先輩《せんぱい》に研究室での過ごし方を教わりつつ、

調査や研究の手ほどきを受ける。春休みまでには卒業論文のテーマも決まるよ。また、企業《きぎょう》説明会に参加するなど就職活動も始まる。

4年生——卒業論文。研究室漬《づ》け

4年生になると授業は少なくなり、研究室で卒業研究を進める日々が続く。

3年生から研究室に入っても、本格的な研究が始まるのは4年生になってからだ。

研究室では、週に1、2回はセミナーや輪読会がある。セミナーでは自分の研究の進捗状況《しんちょくじょうきょう》を報告し、先生や研究室のメンバーの意見を聞く。輪読会では関連の論文を担当者が読んで発表し、それについてみんなで議論しながら勉強す

入学から卒業まで

	1年生	2年生	3年生	4年生
春	入学式 オリエンテーション 基礎科目 実習・実験	基礎科目 専門科目 実習・実験	専門科目 専門実習	卒業研究 就職活動
夏	定期試験	学外実習	インターンシップ	教育実習
秋	学園祭			
冬	定期試験		研究室配属	卒業研究発表会 卒業式

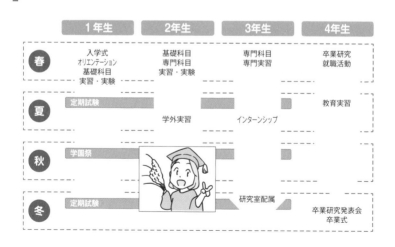

る。セミナーや輪読会の担当は数週間に1回は回ってくるので、その準備も必要だ。就職活動も本格化する。公務員試験や大学院の入学試験は夏から秋に行われるので、忙《いそが》しく準備をしていると、あっという間に夏休みがやってくる。

3年生までの夏休みと違《ちが》って、就職活動に、卒業研究にとやるべきことがたくさんあり、のんびりとしてはいられない。進路が決まると、卒業研究に本腰《ほんごし》が入る。フィールドワークに出かける人や研究室で実験漬《づ》けの人もいる。合間に野菜の収穫《しゅうかく》アルバイトに行く人もいる。教職課程を取っている人は、教育実習に行く。

秋も過ぎると、みんなが落ち着いて卒業研究に打ち込《こ》む。朝から夕方までいっしょに過ごす研究室の仲間との距離《きょり》もぐんと近づく。冬になると、そろそろ卒業研究をまとめなければならない。2月から3月頃《ごろ》に行われる卒業研究発表会の準備が忙《いそが》しくなる。先生や先《せん》輩《ぱい》とデータについて議論したり、発表用のスライドをつくったりと準備が続く。発表会当日は、研究についての質問があるので答えられるかどうか、ドキドキだ。発表会が終わり、論文を提出するとカリキュラムが終了《しゅうりょう》だ。卒業式が終わると、それぞれの進路に旅立つ。

実験や実習に研究と、濃《こ》い4年間が待っている

育てる喜びに満たされた4年間

学生インタビュー 1

東京農業大学《とうきょうのうぎょうだいがく》
農学部農学科園芸バイテク学研究室　4年生
緑川千佳恵《みどりかわちかえ》さん

福島《ふくしま》県出身。大学生活では勉学や実習の合間をぬって、サークルやボランティアなどいろいろなことにチャレンジ。経験を農業支援《しえん》に役立てたいと全力投球している。

取材先提供

農業や自然が好きな人ばかり

農学部に進学したきっかけは、高校生の時に大学の研究室を訪問し、バイオテクノロジーでつくった作物を見たことです。農業の可能性の大きさを感じました。また、東日本《ひがしにほん》大震災《だいしんさい》の被災地《ひさいち》出身なので、農業を支えることで震災《しんさい》復興に貢献《こうけん》したいと思ったのです。

東京農業大学（農大）を選んだのは、農学系の総合大学だからです。大学では、自分の所属学科だけでなく、畜産《ちくさん》や林業、昆虫《こんちゅう》など、農学のいろいろな分野を学べます。他学科の授業も取ることができるのです。

農大といえば、箱根《はこね》駅伝などで見かける大根をもって踊《おど》る「大根踊《おど》り」が有名でしょう。大学に入学すると応援団《おうえんだん》の人たちが教えにきてくれて、1年生全員が大根踊《おど》りと応援歌《おうえんか》を覚えます。大根2本は意外と重くて、踊《おど》るのは大変でしたが、農大生としての自覚をもつことができました。

私の通う農大の神奈川県《かながわけん》・厚木《あつぎ》キャンパスでは、作業着に長靴《ながぐつ》、泥《どろ》まみれの姿はあたりまえです。ふだんはジーパンにスニーカーでキャンパスにやってきます。いかにも「農学部」という雰囲気《ふんいき》で、農業や自然の好きな人が集まっています。みんな農業実習が大好きですし、実家が農家の人もたくさんいます。知識が豊富なのでいろいろなことを教えてもらえます。

大学では、年に一度の収穫祭《しゅうかくさい》（文化祭）が一番のイベントです。地域との交流がさかんなので、たくさんの方が訪れて、とても盛《も》り上がります。準備が始まるのは夏休みから。だんだんと士気も高まります。野菜の配布や大根収穫《しゅうかく》体験などを催《もよお》し、模擬店《もぎてん》を開いたり。4年生は研究成果も発表します。

実習や収穫祭《しゅうかくさい》などを通して、学生の団結力は強くなります。私の代では、学科対抗の体育祭でも優勝しましたよ。

作物を育てるのは楽しい

私が1年生の時は座学がメインでしたが、今は1年生から学内の樹木を観察したり、神奈川県・伊勢原《いせはら》にある農場に行って、田植えから刈《か》り取りまでの稲作《いなさく》実習などをします。

2年生になると本格的な実習が始まります。印象深かったのは園芸実習です。ホウレンソウやキャベツ、トマトにキュウリと季節の野菜をつくりました。食べきれないほどたくさんできて、下宿の管理人さんにおすそわけしたこともありました。

4年生になると卒業研究が始まります。私は園芸バイテク学研究室に所属し、ホウレンソウを使って、作物の環境《かんきょう》制御《せいぎょ》技術について研究しています。作物を自分で育てるのは楽しいですよ。

ほかにも、1年生の夏休みに農業インターンシップがあったりと、希望者を対象にした農業プログラムが農大には豊富にあります。私は福島県北塩原村《きたしおばら》で行われる農業実習に参加しました。実習では大学の卒業生や先生との距離《きょり》が近くなり、学ぶことに意欲的になれた。人間としても成長できたように感じます。

たくさんの経験をした大学生活

サークルは、「園芸グリーン栽培部《さいばい》」に入りました。植物好きが集まり、野菜や花、果樹を栽培《さいばい》し、販売《はんばい》まで行うのです。放課後に土まみれになって作業し、ロマネスコ、ムラサキトウモロコシなど、めずらしい作物も栽《さい》培《ばい》しました。お客さんに作物について聞かれて答えられなかった時は反省しましたが、生産から販売《はんばい》までたずさわれて、いい経験になりました。

一方で、ボランティア部にも参加しました。週末に厚木市内の病院清掃《せいそう》、竹林管理、公園清掃《せいそう》、児童向けイベントの手伝いなどを行うのです。一人ひとり担当が決まっていて、担当者と段取りの連絡《れんらく》をしたり、シフトを決めたり。大変でしたがこれもいい経験でした。

なかでも春休みに行う小笠原《おがさわら》合宿は、一大イベントです。林野《りんや》庁や東京都のレンジャーといっしょに、小笠原諸島の外来植物を駆除《くじょ》します。ヘルメットをかぶり、のこぎりを持って険しい山の中に入りましたね。

農業にじっくり取り組んだ4年間です　取材先提供

農業を支援《しえん》したい

卒業後は地方公務員農業職として、実家のある福島県に赴任《ふにん》します。民間企業《きぎょう》の就職試験も受けたのですが、選考が進めば進むほど、農業にかかわる仕事をしたいという気持ちが強くなりました。現在の農業は高齢《こうれい》化や担い手不足など課題が多いので、施設《しせつ》や設備のIoT化などを進めて、よりよい農業ができるよう支援《しえん》していきたいです。

理系の科目が苦手でも、生き物や植物、食べ物が好きなら、広く学べる農学部は向いています。迷わずチャレンジしてみてください。実学が学べますし、何もできなくても自然とふれあっているうちに見えることがたくさんあります。学ぶべき時は集中して学びながら、大学生活を楽しんでください。

興味を広げてトライすると道は開けてくる

学生インタビュー 2

明治大学《めいじだいがく》
農学部農学科生産システム学研究室　4年生
松尾《まつお》　彩《さや》さん

千葉《ちば》県出身。好奇心旺盛《おうせい》な上、じっとしていられない性分で、忙《いそが》しい大学生活を送る。日本の農業をよりよくしたいと卒業研究にはげんでいる。

取材先提供

母の助言で農学部へ

高校時代はパイロットになるという夢《ゆめ》を抱《いだ》き、目標に向かってまっしぐらに進んでいました。でも、その夢《ゆめ》が破れ、すっかり気力もなくなっていた時、母がつくってくれたごはんに救われました。進学先も迷っていましたが、母に「食に興味があるなら農学部で学んでみたら」と助言されたのが、農学部に興味をもったきっかけです。

食の基盤《きばん》は農業だと考え、農学部に進みましたが、同じ農学部でも作物や畜産《ちくさん》、土壌《どじょう》、土木や造園と、幅広《はばひろ》い学びがありました。ここでもまた自分の興味はなんだろうと迷いました。そこで、選択《せんたく》できる科目を片《かた》っ端《ぱし》から履修《りしゅう》してみることに。そのなかで興味をもった科目が、園芸学と農業土木でした。

園芸学では、自分が食べている作物がどうやって栽培《さいばい》されているのかを知ることができました。また、農業土木では、排水《はいすい》や灌水《かんすい》のシステムなど、農業生産には一見しただけではわからない重要なシステムがあることを知りました。あたりまえに食べている食べ物のありがたみがわかりましたね。

たくさんの科目を選択《せんたく》したので、1、2年生の時は、毎日夕方まで授業があり、土曜日も授業がありました。3年生で少し余裕《よゆう》ができましたが、授業が終われば、部活動（ハイキング部）やアルバイトに直行していたので、毎日ほんとうに忙《いそが》しかったです。

いろいろな視点で農業を見つめる

明治大学農学部では、3年生から研究室に配属されます。「生産システム学概論《がいろん》」という授業では、担当の先生が、現代日本の農業の問題点をあげて、その問題の複雑さや解決の難しさを話してくれました。農業にそんなにたくさんの問題があることにびっくりして、少しでも問題の解決にたずさわりたいと、その先生のいる生産システム学研究室に入りました。

研究室では、ハウスや植物工場など、施設《しせつ》を使った園芸において、生産現場と植物生理学の相互《そうご》の立場から問題点にアプローチしようとしています。学内にある植物工場やガラス温室、パイプハウスなどの設備を活用して、研究しています。私は、できるだけ低コストで高収量、高品質のイチゴを生産する環境《かんきょう》制御《せいぎょ》技術を開発することをめざしています。

先生の方針は「一人の研究はみんなの研究」です。将来を見据《みす》え、いろいろなことができるようになろうと、自分のテーマ以外の研究も手伝います。また、生産現場の見学や他大学の農学部や別の学科との交流もあり、いろいろな視点で農業を見ることができるようになりました。

なかでも印象的だったのが、海外研修です。3年生では、交流のあるタイのラチャパット大学へ研修に行きました。「百聞は一見にしかず」で、実際に自分の目でタイの農業のようすや仕組みを知ることができました。プレゼンテーションなどを通し、学生同士の交流も深まりました。今でもSNS（ソーシャル・ネットワーキング・サービス）でつながっているんですよ。

また、農業はさまざまな学問が合わさって成り立つ産業なので、その学問のうちのひとつである法学を学ぶ機会もあります。

農業を盛《も》り上げたい

卒業後は、千葉県庁で技術職として働きます。将来は農業にかかわる仕事をして、農業を盛《も》り上げたいと考えていました。そんな時、大学で行われた「職業理解セミナー」で、千葉県に勤めるOBやOGの話を聞いて、公務員になるのもいいかもしれない、と考えるようになったのです。

3年の夏休みに千葉県庁主催《しゅさい》のインターンシップに参加し、農業試験場で実際に栽培《さいばい》実験をしたり、普及《ふきゅう》指導員の仕事を見学したりといろいろな体験をさせてもらいました。たくさんの方とふれあったことで、県庁で働きたいと、公務員試験の準備を始めました。

これまでの経験を活かし、千葉県のみならず、日本の農業の発展に貢献《こうけん》したいと、今か

農業や園芸にふれる機会が豊富です　取材先提供

ら張り切っています。

いろいろなことをやってみよう

読者のみなさんは、自分は何に興味があるのか、何に向いているのか迷うことがたくさんあると思います。私も迷っていた時、たくさんの授業を受けることで、視野が広がり自分の興味や関心がどこにあるのかがわかってきました。最初から興味を決めつけることなく、いろいろなことをやってみることもいいと思います。身のまわりにはいろいろな学ぶ機会があるはずなので、ぜひトライしてみてほしいです。

また、大学生活は、総合大学ならではの交流や体験がありました。大学選びの際は、学ぶ内容に加え、大学としての特徴《とくちょう》なども検討してみるといいかと思います。

学生インタビュー
3

LEDで
農業の未来を変えたい

玉川大学《たまがわだいがく》
農学部先端食農学科
システム農学領域 渡邊研究室　4年生
松井共生《まついともお》さん

取材先提供

山形《やまがた》県出身。自然や生物が大好きで、食虫植物を育てることが趣味《しゅみ》。卒業研究でホウレンソウを育てながら、研究の楽しさを実感している。

LED農園にひかれて

子どもの頃《ころ》から自然が好きで、理科、特に生物が好きでした。将来は、自然にかかわる大学に行きたいと漠然《ばくぜん》と思っていたある日、テレビで玉川大学のLED農園を知ってとても興味がわき、玉川大学に進学したいと思うように。もともと新しいものが好きだったこともあり、この最先端《さいせんたん》の技術にひかれました。そこからはその目標のために勉強し、玉川大学に入学を果たしました。

LED農園では、さまざまな色のLED照明を利用し、土を使わずに水耕栽培《さいばい》でレタスなどの野菜を育てています。光の色によって植物の育ち方や特徴《とくちょう》が変わるので、うまく使えば高品質の野菜をつくることができます。

私の研究テーマは、光の色を制御《せいぎょ》して、機

能性成分が多く含《ふく》まれるなど付加価値の高い高品質のホウレンソウをつくること。論文を読んで調べたことや、先生とのディスカッションで生まれたアイデアを実現できるので、やりがいを感じています。

大学ならではのユニークな実習を体験

私が所属する先端《せんたん》食農学科は、食料生産について学ぶ学科です。植物生理学などの植物関連の科目と、食品製造学などの食品関連の科目を中心に学んでいきます。学生は一学年に70人ほどいますが、植物に興味のある人と、食品に興味のある人で半々くらいの割合でしょうか。

大学の学びでは、学内にある農場や食品加工施設《しせつ》を利用した、農場実習や食品加工実習が印象に残っています。食品加工実習ではアイスクリームやソーセージづくり、食品企《き》業《ぎょう》の展示会の見学など楽しかったですね。

夏休みには、学外施設《しせつ》を利用したフィールド実習にも、参加することができます。私は植物工場実習に参加し、光の当て方を変えて植物を育てるなど、実際に植物工場を体験できたのが何よりうれしく、いっそう興味がわきました。

学科の各研究室がオムニバスで行う実験の時間もあり、どこの研究室に所属するかを考えることもできます。私が在籍《ざいせき》する先端《せんたん》食農学科では、ミツバチの行動を探る、世界のトマトを集めるなど、ユニークな研究室がたくさんあります。実際にミツバチを使って実験するなんて、なかなか体験できないことなので、貴重でした。

また、大学の敷地《しきち》内は緑が豊富で樹木など

自然観察する実習もあり、自然が好きな私にはたまらない恵《めぐ》まれた環境《かんきょう》で、学生生活を送っています。

一方で、玉川大学には特徴《とくちょう》的なイベントがあります。毎年12月にパシフィコ横浜《よこはま》で行われる大学音楽祭では1年生全員で、「第９（ベートーヴェンの交響曲《こうきょうきょく》第９番ニ短調作品１２５）」をドイツ語合唱します。農業とは違《ちが》いますが、これも貴重な体験でした。

植物工場を普及《ふきゅう》させたい

授業は朝から夕方まで丸一日の時もあれば、半日の日もあります。授業の空き時間はレポート作成にあてたり、塾《じゅく》の講師などのアルバイトをして有効に活用しています。

実験の日は、時間が延長する時もありました。特に化学実験は、内容により長時間になる時もあります。

私自身、あまり化学が得意ではなかったのですが、「先端《せんたん》技術を学ぶためには必要な知識」と自分自身を奮《ふる》い立たせて、がんばりました。

玉川大学の農学部では、研究室に所属するのは3年生からです。研究室での最初の役割は、学園祭でＬＥＤ農園を見学に来た一般《いっぱん》のお客さんに農園について説明することでした。わかりやすく説明することは難しかったのですが、自分がＬＥＤ農園を理解するのにとても役立ちました。

卒業後は大学院の修士課程に進学し、研究を続けます。その後は、学んだことを活かせるよう植物工場を展開している企業《きぎょう》に就職したいと思っています。

現在、植物工場に興味をもっている企業《きぎょう》

植物工場が研究対象です　取材先提供

は多く、これからたくさんの技術が生まれるでしょう。植物工場には、まだたくさんの可能性があると思うんです。まずは、植物工場を普及《ふきゅう》させるのが目標です。

一生懸命《いっしょうけんめい》に取り組むこと

目的の大学に合格することがゴールと思いがちですが、大学の入学はスタートラインです。そこからどうなるのかは自分しだいです。

私自身は、勉強するのがつらくなった時期もありましたが、卒業研究としてLED農園に取り組むことが目標になってから、勉強が楽しくなりました。大学でさまざまなことを学び、体験したことで自分自身の成長を感じています。だから、みなさんも何か打ち込《うこ》めることを見つけ出して、挑戦《ちょうせん》してください。きっと人生が豊かになると思います。

果樹を学んで祖父母の果樹園を大きくしたい

学生インタビュー 4

東京農工大学《とうきょうのうこうだいがく》
農学部生物生産学科園芸学研究室　4年生
原田洋太郎《はらだようたろう》さん

取材先提供

神奈川県出身。果樹に興味をもち、園芸学研究室へ。大学内にある植物工場で、ブルーベリー栽培《さいばい》の研究に打《う》ち込《こ》んでいる。

生産から加工までを実習で

進学先に農学部を選んだ理由は、「食」は人間の生活の中で欠くことのできないものだと思ったからです。子どもの頃《ころ》からリンゴ農家の祖父母を手伝っていたので、農業に興味もありました。

東京農工大学（農工大）に入学すると生物生産学科では、植物、動物、生産環境《かんきょう》、農業経済の四つを中心に学びます。3年生の前期までにこれらの基礎《きそ》知識をつけ、3年生の後期からは各研究室に配属されます。私は園芸学研究室を希望し、無事に配属されました。

農工大の特徴《とくちょう》は、キャンパスが都内にありながら、敷地《しきち》内に大きな農場があることです。その敷地《しきち》内では、いろいろな実習が行われています。1年生の時に週1回あったフィールド実習では、一班4人で1区画の畑を耕しました。キュウリやトマト、大根など、季節ごとにいろいろな野菜を栽培《さいばい》しました。

2年生になると、野菜、果樹、畜産《ちくさん》、水田に分かれて農場実習をしました。私は果樹を選んで、キウイフルーツ、ブルーベリー、柿《かき》、ナシなどを栽培《さいばい》しました。そして食品加工実習では、キウイとブルーベリーのジャムをつくりました。果樹の生産から加工までひと通り実習することができます。

食品加工施設《しせつ》にはアイスクリームをつくる機械があって、実習でもアイスクリームをつくりました。私たちがつくったものではないですが、農工大では週に1回、学内の施設《しせつ》でアイスクリームを販売《はんばい》しています。

今は園芸学研究室の栽培《さいばい》班に所属しており、ブルーベリーの水耕栽培《さいばい》が卒業研究のテーマです。果樹の水耕栽培《さいばい》はとても難しく、まだ実現されていません。苗木《なえぎ》生産に利用される挿《さ》し木繁殖《はんしょく》では、ブルーベリーは土でも根が出るまでに2、3カ月かかります。それを水耕にした場合、根は出るのか、根が出るまでの期間が早くなるのかなどを研究しています。

身近にある果物

大学で印象に残っている授業は園芸学です。日本には日長や温度、湿度《しつど》が変化する四季があるからこそ、野菜や果物の旬《しゅん》があると理解できました。スーパーマーケットでは、野菜や果物が気になります。陳列《ちんれつ》されている種類や価格を見ながら四季を楽しんでいます。

長野県の父方の祖父母はリンゴやモモなどを送ってくれますし、山形《やまがた》県の母方の祖父母もナシやメロンなどを毎年送ってくれます。

私にとって果物はとても身近です。

同級生には、実家が佐賀《さが》県のミカン農家や、山梨《やまなし》県のブドウ農家の人がいて、果樹農家とのつながりができました。実家から送られてきた果物をおすそ分けしてもらい、みんなで食べることもあります。どの果物も新鮮《しんせん》でおいしかったです。

大学では、毎年11月に「農工祭」という学園祭が行われます。研究室やサークルなどの模擬《もぎ》店が出店したり、研究発表などが行われたりしてにぎわいます。1年生の時は、大根やネギなど、畑でとれた野菜を販売《はんばい》しました。近所の人がたくさん買いに来てくれます。行列ができるほど毎年大好評です。

祖父母の果樹園を大きくしたい

3年生で研究室に所属するまでは、毎日朝から夕方まで授業がありました。でも、授業は16時過ぎには終わるので、その後は部活やアルバイトをしていました。小学校から野球部だったので、大学でも野球部に入り、汗《あせ》を流しました。アルバイトは予備校のチューターをしていました。高校生の進学の相談を受けることもありました。

学部を卒業したあとは、研究室の同級生はほとんど大学院修士課程に進学します。私も進学し、その後は就職する予定です。将来は、祖父母の果樹園をもっと大きくして、農業で生活が送れるようにしたいと思っています。

目の前のことに真剣《しんけん》に取り組む

みなさんは、部活など勉強で毎日が忙《いそが》しいと思います。その今やるべきこと、必要なことを一生懸命《いっしょうけんめい》がんばってください。

ブルーベリーの挿し木のようす　取材先提供

　大学に入学すると、ゼロからいろいろなことを学ぶことができます。私の場合は、物理と化学で大学を受験したので、生物をきちんと勉強したのは高校1年生だけでした。それでも、農学に必要な生物の知識は大学に入学してからきちんと学ぶ環境《かんきょう》が整っていたため、学ぶことができました。

　ただし、英語だけは今、きちんと勉強しておいたほうがいいと思います。大学の授業でも英語は必修ですし、研究室では英語の専門的な論文を読みます。その時に、英語が読めないとつらいです。

　また、大学内には中国《ちゅうごく》や東南アジアなど留学生がたくさん所属している研究室もあります。なかには英語が必要な研究室もありますから、ぜひ疎《おろそ》かにしないで勉強しておいてください。

4章

資格取得や卒業後の就職先はどのようになっていますか？

Q19 卒業後に就く主な仕事はなんですか？

食品業界の人気が高い

幅広《はばひろ》い分野を学ぶ農学部では、就職先も幅広《はばひろ》い。なかでも人気が高く、就職する人が多いのは、食品加工や飲料など食品関連の企業《きぎょう》だ。大学で学んだ食品化学や食品衛生など、食品についての専門的な知識を活かして、さまざまな部署で活躍《かつやく》しているよ。

主には研究開発、生産管理、品質管理などを担当する。生産管理は工場の機械の管理やメンテナンスをする。品質管理は食品の安全性を保つために、食品分析《ぶんせき》や微生物《びせいぶつ》検査などを行うんだ。商品の紹介《しょうかい》や販売《はんばい》を担当する営業職で活躍《かつやく》する人もいる。化学や生物の知識を活かして、製薬や化粧品《けしょうひん》などの企業《きぎょう》に就職する人もいる。職種は開発や品質管理、営業など。ただ、食品・製薬企業《きぎょう》などは、大学院で学んでいないと研究職に就くのは難しい。

小売業やサービス業へ

百貨店やスーパーマーケットなどの小売業や、飲食店も人気だ。小売業では商品の仕入れから販売《はんばい》まで担うが、農学部出身者は生鮮品《せいせんひん》や食品を担当することが多い。バイヤーとなり、新しい食品を求めて国内外を飛び回る人もいる。レストランなどを運営する会社に就職すると、店舗《てんぽ》での接客業務、本部で材料の仕入れやメニューの開発などを任される。

就職先として増えてきているのが、観葉植物のレンタルやリースをするサービス業だ。植物の交換《こうかん》やメンテナンスを担当したり、販路《はんろ》の開拓《かいたく》や空間のコーディネートを担う。植物が好きな人、植物を育てるのが好きな人が集まっているよ。

農業関連の企業《きぎょう》も多い

もちろん、農業関連の企業《きぎょう》に就職する人は多い。農芸化学系の学科を専攻《せんこう》した人は、化学の知識を活かして農薬や肥料などの企業《きぎょう》で活躍《かつやく》している。新製品の開発や製品の改良をする研究開発職や、製品の販路《はんろ》を拡大する営業職などに就く人が多い。種苗《しゅびょう》会社では、新品種の開発や普及《ふきゅう》をめざす仕事に就く人もいる。すぐれた品種を掛《か》け合わせるなどフィールドでの作業に加え、バイオテクノロジーの技術や知識が活かされるよ。

農業機械や土木を専攻《せんこう》した人は、農業機械のメーカーや、測量や土木の知識を活かして建設業に就職している。また、造園学や環境《かんきょう》工学を学んだ人では、公園や庭園をつくる造園業に就職する人もいるね。

公務員の道

公務員になる人も多い。国家公務員では、農林水産省《のうりんすいさんしょう》、国土交通省《こくどこうつうしょう》、環境省《かんきょうしょう》など、それに都道府県などの地方公務員として活躍《かつやく》している人がたくさんいるよ。公務員になるには、採用試験を受けなければならない。農学部出身者は技術職採用例が多く、農業や林業など専攻《せんこう》によって受験できるんだ。

農林水産省では、食の安全確保、食育推進など食に関する仕事をしたり、農家の経営サポートや、地方での先進農業の普及《ふきゅう》などを進めたりする。また、研究所や試験場で農業技術や環境《かんきょう》保全にかかわる研究をする。地方公務員でも同様の仕事だけれど、地元の農作物をアピールしたり、イベントを運営したりと地域に密着した内容になる。

また、農業協同組合（農協）で働く人もいる。公務員とよく間違《まちが》われるが、農協は農家のために働く組織で、団体職員だ。農家と深くかかわり、サポートをする仕事だよ。

農業経営をする

実は農学部出身者で農業などの第一次産業に就く人はそんなに多くはない。これまで農業に就く人は実家を継《つ》ぐケースが多かったが、近年では、農業法人に就職する人が増えている。農業法人は、会社のような団体が経営しており、組織だった農業を営んでいる。法人によっては、レストランや観光農園など多角的な経営を行うところもある。農業は、休みが不規則なイメージがあるかもしれないけれど、働き方は変わってきている。近代的な農業を営む法人ではＩＴをフル活用し、勤務時間や休日などを決めている。

後継者《こうけいしゃ》不足で個人の小規模な農家は減っているが、農業法人に就職し、農業を始める人は増えている。若い人が農業法人を立ち上げ、アイデアを活かして農業を経営しているよ。

進学する人も

大学を卒業後、大学院に進学する人もいる。修士課程を修了《しゅうりょう》して、企業《きぎょう》などに就職する人もいれば、博士課程まで進み、博士号の学位を取ってから大学や研究所などに勤める人もいる。大学や研究所の研究職などをめざすなら、大学院に進学することが必要だよ。

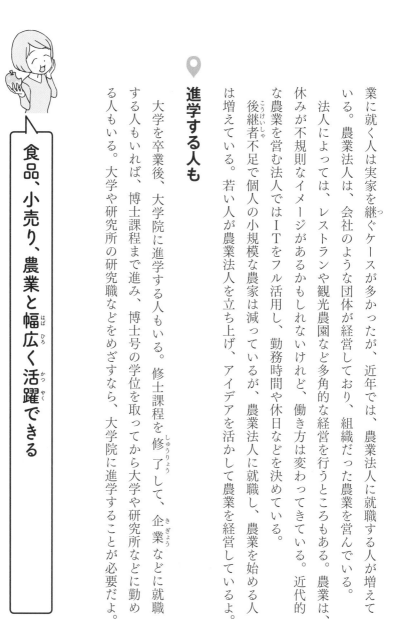

Q20 農学部で取りやすい資格を教えてください

教員免許《めんきょ》（理科、農業など）

どの学科でもほぼ取れるのが、中学校や高等学校の教員免許《めんきょ》だよ。教職課程のある大学で所定の教育を受けることにより、理科や農業の中学校・高等学校の教諭《きょうゆ》一種免許《めんきょ》状を取得できる。工学系の学科では中学の技術の、農業経済系の学科では中学の社会や高等学校の地理歴史、公民の免許《めんきょ》が取得できる。そのためには卒業に必要な単位に加えて、余分に単位を取らなければならない。また、3週間の教育実習があるので生活はかなり忙《いそが》しい。

測量士補、技術士補

土木系の学科で取得できる。測量とは、ダムや橋、道路など建設工事において、工事予定地の正確な位置や高さ、面積などを専門的な測量技術を使って測定し、現状図面などを作成することだよ。公共の測量で計画を立て現場に指示までできるのが測量士で、測量士

補はその補助的な役割をする。測量に関する科目を修め、大学を卒業すれば、国土地理院《こくどちりいん》へ登録することにより測量士補となることができる。

また、技術士は科学技術に関する高度な応用能力をもつ者に対して、国家試験により認定される資格で、応用理学、環境《かんきょう》、資源工学、建設、電気電子、情報工学など21種類ある。

技術士になるには、第1次試験に合格するか、認定された教育課程を修了《しゅうりょう》することで修習技術者になる。その後、技術士補を経て実務経験を積むことで第2次試験の受験資格が得られ、合格すると技術士として登録できる。

家畜《かちく》人工授精師

畜産《ちくさん》系の学科で所定の科目を修めると得られる資格。養豚《ようとん》場や酪農《らくのう》地で働く場合に必要だよ。ただし、獣医師《じゅういし》の資格があれば不要。家畜《かちく》の人工授精や受精卵の移植、体外受精卵の生産などを行う。たとえば、家畜診療所《かちくしんりょうじょ》などに所属し、農家からウシの発情期の連絡《れんらく》をもらうと赴《おもむ》いて、人工授精を行う。家畜《かちく》の知識に加え、受精に関する知識や技術も必要だ。

樹木医補

森林科学系の学科で所定の科目を修めると得られる。樹木の保護管理や治療《ちりょう》などを行う樹木の専門家。いわゆる樹木のお医者さんだよ。樹木医補の認定後1年以上の実務経験で研修や審査《しんさ》を受けることができ、合格すると樹木医になれる。

森林情報士2級

森林科学系の学科で所定の科目を修めると得られる資格だ。森林情報士は、地形図や航空写真などの地理情報を解析《かいせき》し、森林の問題に対応できる技術者の資格だ。林業で必要な資格のひとつ。1級を取るには実務経験が必要だよ。

環境《かんきょう》再生医初級

森林科学系や環境《かんきょう》工学系の学科で所定の科目を修めると得られ、在学中でも

農学部で取得をめざせる主な資格

- 教職課程を履修すると卒業時に得られる資格
  理科教諭（中学校・高等学校一種）
  農業教諭（中学校・高等学校一種）など
- 所定の科目を取得すると卒業時に得られる資格
  学芸員
  司書
  測量士補
  技術士補
  家畜人工授精師
  樹木医補
- 所定の科目を取得すると在学中に得られる受験資格
  環境再生医初級
  森林情報士２級
- 所定の科目を取得すると卒業時に得られる受験資格
  管理栄養士
- 任用資格
  食品衛生監視員
  食品衛生管理者
  毒物劇物取扱者
- そのほか
  潜水士、危険物取扱者、公害防止管理者　など

＊取得できる資格は大学や学科によって違う。

取得可能。環境《かんきょう》再生医は環境《かんきょう》再生のための技術や知識をもち、その活動を補佐《ほさ》する。

食品衛生監視《かんし》員、食品衛生管理者

食品衛生法に基づき食の安全を守る仕事だ。食品衛生監視《かんし》員は、空港などの検疫《けんえき》所における輸入食品の安全監視《かんし》や、自治体の保健所などで公衆衛生の業務にたずさわる。食品衛生管理者は、食品の製造や加工をする施設《しせつ》に置かれる。これらの資格は、所定の科目を履《り》修《しゅう》し、卒業後に関連業務に就いた場合、申請《しんせい》すると得られる（任用資格）。

ビオトープ管理士

生態系の保護に関する知識や技能を身につけている人に与《あた》えられる資格。所定の科目を履《り》修《しゅう》し、卒業すれば受験資格が得られる。計画部門の試験に受かるとビオトープ計画管理士に、施《せ》工《こう》部門の試験に受かるとビオトープ施《せ》工《こう》管理士になれる。2級は誰《だれ》でも受験可能だが、1級は大学卒業後に7年以上の実務経験が必要だよ。

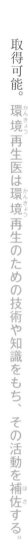

学科によって取れる資格が異なるのでよく確かめよう

Q21

農学部で取りやすいその他の資格はありますか？

普及指導員

農業技術の指導や経営の相談などを通して農業の普及《ふきゅう》を支援《しえん》する。農業改良を目的とする「農業改良普及《ふきゅう》員」と専門技術を教える「専門技術員」に分かれていたが、この二つの資格は２００５年に廃止され、これらを一元化してできた国家資格。大学を卒業後、公務員や農協職員などの実務経験を一定期間以上（大卒で４年以上、大学院卒で２年以上）経ると、受験資格が得られる。

栄養士、管理栄養士

農学部の栄養科学科などで、栄養士や管理栄養士養成課程を専攻《せんこう》すれば得られる。栄養士は、都道府県の知事が認定する国家資格。厚生労働大臣指定の栄養士養成施設《しせつ》を卒業すると資格が与《あた》えられる。主な仕事は学校や保育園、福祉《ふくし》施設《しせつ》など施設《しせつ》に応じた食事の提供や献立《こんだて》作成、食事指導など。管理栄養士は厚生労働大臣が認定する国家資格で、国家試験に合格後、取得できる。管理栄養士養成課程の所定のカリキュラムを修了《しゅうりょう》すると、卒業時に国家試験の受験資格を得られる。4年生大学卒業の栄養士は実務経験1年以上、短期大学卒業の栄養士は実務経験3年以上で受験資格を得られる。

獣医師《じゅういし》

家畜《かちく》の病気を診断《しんだん》し、治療《ちりょう》する医師。農学部の中の獣医《じゅうい》学科で獣医師《じゅういし》養成課程を修了《しゅうりょう》し、国家試験に合格すれば、農林水産大臣の免許《めんきょ》を受けることができる。

飼料《しりょう》製造管理者任用資格

飼料《しりょう》の製造管理に必要な資格。獣医学《じゅういがく》、畜産《ちくさん》学、水産学、農芸化学の課程を卒業し、飼料《しりょう》製造業務に3年以上従事し、農林水産大臣の定める講習会を修了《しゅうりょう》すれば得られる。

ペット栄養管理士

ペットの栄養管理や指導に活躍《かつやく》できる資格。獣医学《じゅういがく》や畜産《ちくさん》学、農芸化学などの課程を修了《しゅうりょう》すると、講習会の受講が免除《めんじょ》され、受験資格が得られる。

建築施工《せこう》管理技士

土木現場で働く業者を統括《とうかつ》する国土交通省認定の国家資格。この資格があれば、河川や道路などの土木工事、造園工事などの主任技術者として、施工《せこう》計画の作成、現場の工程管理、安全管理などを行うことができる。農業工学などを専攻《せんこう》すると、卒業後に実務経験を経て受験資格を得られる。統括《とうかつ》する現場の種類は資格によって異なる。

公害防止管理者

製造業など公害が発生しやすい工場で大気や騒音《そうおん》などの検査をするための国家資格。受験には、年齢《ねんれい》や学歴などは問われないが、合格率は高くない。高度な知識が必要なので、大学で学ぶことが必要だ。「受験対策講座」などの講習会を開いている大学もある。

毒物劇物取扱《とりあつかい》者

農薬や研究用の試薬など有害な化学物質を毒物、毒物ほどではないが危険の大きい化学物質を劇物という。毒物劇物取扱《とりあつかい》責任者は、毒物や劇物を実際に取《と》り扱《あつか》うために、安全を確保し、管理する責任をもつ技術者だ。農芸化学科など化学に関する課程を修了《しゅうりょう》した人や、年に1回行われる試験に合格した人に資格が与えられる。

危険物取《とり》扱《あつかい》者（甲《こう》種、乙《おつ》種、丙《へい》種）

消防法で定められた危険物を取り扱《あつか》うことのできる資格。甲《こう》種、乙《おつ》種、丙《へい》種があり、扱《あつか》える危険物の種類が異なる。それぞれの種別の試験に合格すれば、資格が得られるが、試験の難易度は異なる。一番難しい甲《こう》種を受験するには、化学系の大学を卒業、または大学で化学に関する科目を修めて卒業している必要がある。

三級海技士（航海）

大型船舶《せんぱく》に船舶《せんぱく》職員として乗務するために必要な国家資格。航行する区域や船の大きさなどで免許《めんきょ》の区分が分かれる。水産系の学科を卒業すると、受験資格が得られる。

その気があれば、陸から海までにかかわる資格も取得できる

Q22 意外な仕事でも活躍している先輩はいますか？

学芸員

博物館に勤務し、資料の収集や研究、展覧会の企画《きかく》、博物館の案内などを行う。博物館には自然博物館や植物園、動物園、水族館など自然科学に関するものがたくさんあるので、農学部出身者の活躍《かつやく》の場は多い。ただし、就職はとても狭《せま》き門だ。貴重な資料を研究し、人に説明するのでかなり高い専門性や知識が求められる。自分の専門を突《つ》き詰《つ》めて、研究を続け、知識を得ることが必要なんだよ。

飼育《しいく》員（学芸員）

動物園や水族館でも、農学部を卒業した飼育《しいく》員や学芸員が活躍《かつやく》している。動物の世話をするばかりでなく、動物の研究や調査、イベントの企画《きかく》や運営などの業務も行う。水族館では、調査のために海に行くこともある。また、動物などのショーを行うこともある。動

物園や水族館は土日も開園しているため、休日は不定期だが、動物好きには、たまらない職業だね。

植物防疫官《ぼうえき》、家畜防疫官《かちくぼうえき》

防疫官《ぼうえき》は、国家公務員で、海外から輸入される動植物や畜産物《ちくさん》を検査し、感染症《しょう》の国内への侵入《しんにゅう》を監視《かんし》する。動物は家畜防疫官《かちくぼうえき》が空港や港にある動物検疫所《どうぶつけんえき》で、植物は植物防疫官《ぼうえき》が空港や港にある植物防疫所《ぼうえき》で業務を行う。どちらも農学部出身者が活躍《かつやく》しているが、家畜防疫官《かちくぼうえき》では獣《じゅう》医師の資格をもつ人が多い。防疫官《ぼうえき》になるには国家公務員試験に合格して、採用される必要があるよ。

JICA（国際協力機構）などの国際協力機関

JICAは政府開発援助（ODA）の実施《じっし》機関で、途上《とじょう》国や地域の経済や社会の発展に貢献《こうけん》するための国際協力を行う。青年海外協力隊を経験したのち、職員になる人もいる。職員は途上《とじょう》国や地域の調査や研究、国際協力を行うための人材の確保や派遣《はけん》、事業管理などの業務を行う。途上《とじょう》国の食料支援は活動の大きな柱であり、そのための農業指導なども重要なため、農学部の卒業生が活躍《かつやく》している。海外出張も多く、現地の人との交流も大事な仕事。大変だけれどやりがいもある。JICAのほか、NPO（非営利団体）、NGO（非政府組織）などの国際機関で活躍《かつやく》する人もいる。

グルメ情報サイト

飲食店の情報を集めたグルメサイトを運営し、飲食店をサポートする会社で働く人もいる。食品の豊富な知識を活かし、新しい企画《きかく》やメニューを提案している。新しくて、若い人がたくさんいる会社が多いので、任される仕事の範囲《はんい》は広い。

有機野菜の宅配

有機野菜の宅配をする会社。通信販売《はんばい》のように野菜を手軽に買えるので人気がある。大手企業《きぎょう》から個人農園が行うものまで、さまざまだ。野菜の梱包《こんぽう》方法や流通経路の検討や広報など各部署に分かれて働いている。

建設コンサルタント

農業土木系の学科出身者は、土木や測量を学んでいるので土木系の企業《きぎょう》に就職している。なかでも、農業用地の生産性を高め、環境《かんきょう》を保全する農業土木で活躍《かつやく》している。大規模な建築工事を行う企業《きぎょう》や建設作業や設備に関する工事を行う企業《きぎょう》など、活躍《かつやく》の場は多様だ。農業土木が得意なことを活かして、建設コンサルタント企業《きぎょう》で働く人や独立する人もいる。

MR（医薬情報担当者）、治験コーディネーター

製薬会社に入社し、MRや治験コーディネーターとして活躍《かつやく》する人もいる。MRは自社の医薬品の情報を医師や薬剤師《やくざいし》に知らせたり、医療《いりょう》関係者から集めたりする仕事。治験コーディネーターは、新薬を開発する時の臨床《りんしょう》試験がうまく進むようサポートする仕事だ。

ベンチャー企業《きぎょう》の経営者

農業ベンチャーを立ち上げ、起業する人もいる。野菜の販売《はんばい》や農業コンサルタント、大学で研究した研究成果をもとにした技術開発など、さまざまなベンチャー企業《きぎょう》で活躍《かつやく》している人がいるよ。農学で学んだ、生命科学から生物資源や情報、工学など幅広《はばひろ》い知識は、経営の役に立つ。自然を相手にしているので、辛抱《しんぼう》強く、困難な場面にも立ち向かえる。

それぞれの特性を活かして幅広《はばひろ》く活躍《かつやく》できる

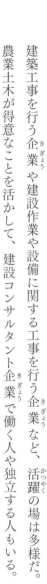

卒業生インタビュー
1

微生物の力で土壌を浄化したい

産業技術総合研究所《さんぎょうぎじゅつそうごうけんきゅうじょ》
地圏環境リスク研究グループ
東京農工大学《とうきょうのうこうだいがく》農学部生物生産学科卒業

吉川美穂《よしかわみほ》さん

取材先提供

東京農工大学大学院修士課程修了《しゅうりょう》後、土木会社勤務を経て同大学院博士課程に進学。学位を取得し、研究補助員を経て現職。微生物《びせいぶつ》による土壌浄化《どじょうじょうか》の方法を研究している。

土壌《どじょう》に興味をもって

私は今、国立の研究機関で研究者として働いています。実は、高校生の時は英語の先生になろうと思っていました。一方で、女性が長く働くためには理系がいいと先生にアドバイスをもらったり、食料に興味があったりしたこともあり、最終的に農学部を選びました。食料は生きていくために大切なもの、命の根源だと思います。

大学では、稲《いね》や野菜、家畜《かちく》など農業にかかわる科目はもちろん、土壌《どじょう》学、生産管理、動植物の生理生態、農業経済などに関しても広く学びました。

学校生活は忙《いそが》しく、徹夜《てつや》して生物や化学などの実験レポートを出したこともあります。農学部は実習が多いことが特徴《とくちょう》です。1年生の時は週に1回農業実習があり、畑作や稲《いな》作《さく》、畜産《ちくさん》と農業をひと通り体験しました。2年生では、ひとつの種類を選んで実習します。私は畑を選びました。3年生の夏休みには体験実習があり、北海道《ほっかいどう》の帯広《おびひろ》に1週間滞在《たいざい》しました。収穫《しゅうかく》用トラクターの荷台に乗って、ポテトチップス用ジャガイモを選別したことは貴重な思い出です。

3年生の夏になると、研究室に配属されます。私は土壌《どじょう》学の研究室を選択《せんたく》。勉強していくうちに稲《いね》や野菜などの生産より、作物をつくる環境《かんきょう》である土壌《どじょう》に興味をもったのです。ふだんはあまり気にしていない土壌《どじょう》が食料生産にかかわるなんて、考えたことがなかったので、私にとっては新たな気付きでした。

研究室に入ると卒論研究の前に、他大学と合同で土壌《どじょう》調査の実習があります。土壌《どじょう》をサンプリングして持ち帰り、研究室で分析《ぶんせき》し、その結果を発表するというもの。学生同士、興味が同じで話が合いました。

土壌浄化《どじょうじょうか》を研究する

卒業後は、大学院の修士課程に進学。まわりでは大学院への進学は男子学生が多く、女子学生は公務員や食品関連企業《きぎょう》に就職した人が多かったです。

農業関係では、農業試験場、普及《ふきゅう》指導員など技術的な仕事を望む人が多く、農業に就く人は少ない印象です。私は土壌《どじょう》を研究した経験を活かして土壌《どじょう》の修復にかかわる仕事がしたかったので、土木会社に就職しました。

微生物《びせいぶつ》による土壌浄化《どじょうじょうか》に興味があったのですが、実際に現場を体験してみると、その技術の実用化には基礎的な研究が足りないと感じました。もっと勉強しようと退職し、大学院の博士課程に進学。企業《きぎょう》の研究はスピードが求められ、深いところまで考えることができませんでしたが、大学院では専門的な知識や技術を活用して、じっくりと研究することができました。

学位を取得後、産業技術総合研究所に就職しました。土壌汚染《どじょうおせん》を研究テーマとして扱《あつか》うグループで、微生物《びせいぶつ》による土壌浄化《どじょうじょうか》を効率よく行う方法を研究しています。工場跡《あと》地《ち》などの浄化《じょうか》が目的で、土壌《どじょう》や地下水の調査に行くこともあれば、実験室で実験することもあります。

今の仕事で役立っている大学の学びは、土《ど》壌《じょう》学や微生物《びせいぶつ》学、遺伝子工学、細胞《さいぼう》工学などです。研究するためには多くの知識が必要です。基礎《きそ》知識があれば、勉強しやすいので、今でも学生時代のノートを見返しています。

環境微生物《かんきょうびせいぶつ》を学んできた研究者が多い中、土壌《どじょう》を知っていると着目点が変わり、ほかの人と違《ちが》う切り口で研究できるのが、よい点ですね。

クリーンな社会をめざす

学生時代をふり返ると、授業や実習、研究などに一生懸命《いっしょうけんめい》取り組んだと思っています。悔《く》いはありません。今は、自分自身で仮説を立てて新しい発見ができた時や、自分の研究を国際的な学術雑誌で報告できた時に、仕事のやりがいを感じています。

以前は、土壌汚染《どじょうおせん》に対する規制がなかったので、土壌汚染《どじょうおせん》個所は全国に90万カ所もあると言われています。でも、土壌《どじょう》の修復にはお金がかかるので、それに見合う土地で

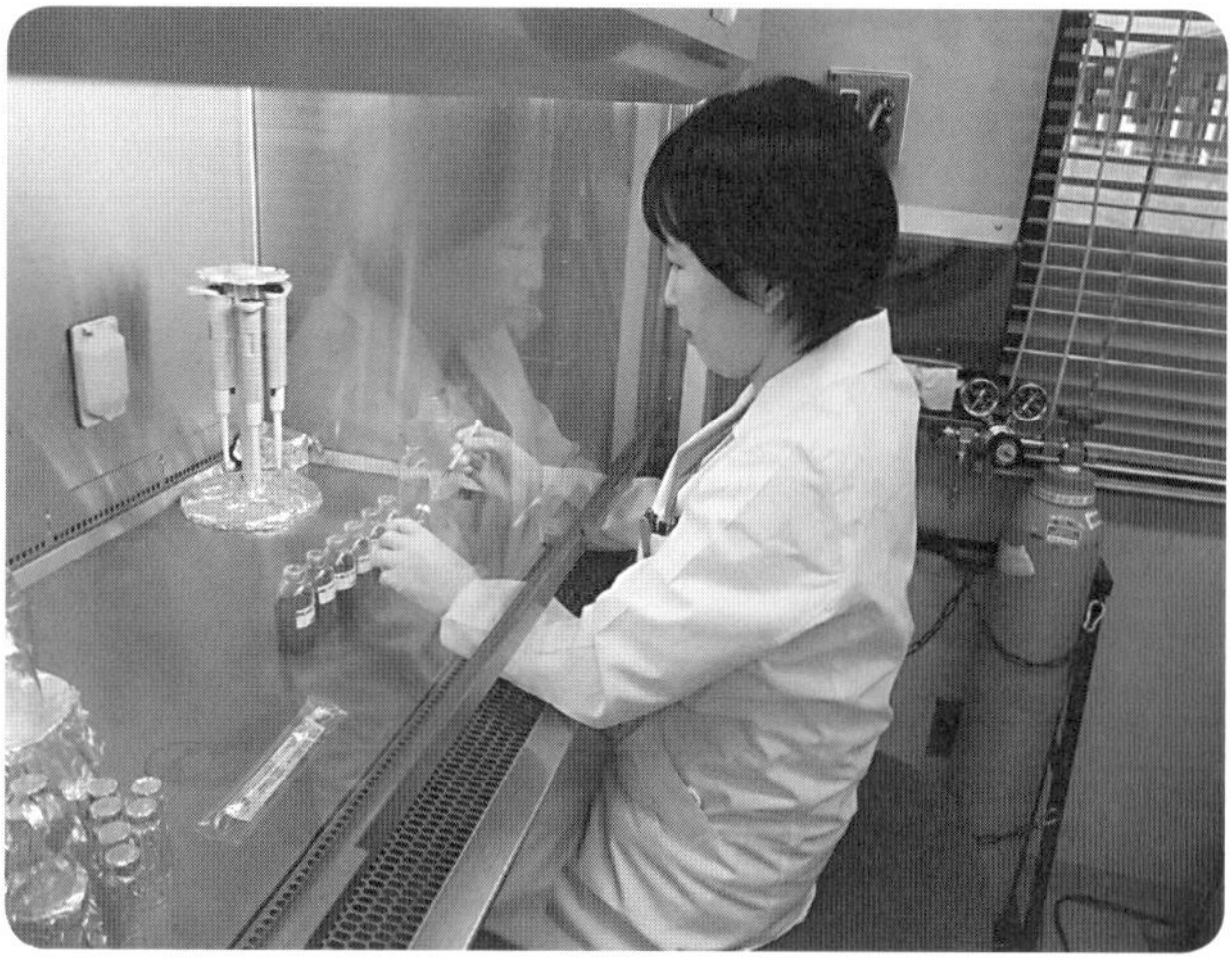

微生物による土壌浄化を研究しています　取材先提供

ないと、なかなか修復されないのが現状です。私が研究している微生物《びせいぶつ》による修復はコストがかからないので、ぜひ普及《ふきゅう》させたいです。そのためにもがんばって研究し、クリーンな社会を構築したいと思っています。

　読者のみなさんのなかには、農学部の進学をめざす人もいることでしょう。学生時代は時間があるので、自分の興味のあることにどんどんチャレンジして、好きなこと、得意なことを発見してみてください。そうすると、将来の道を見つけるのに役立ちます。

　私も、将来研究者になるとは思っていなかったのですが、目の前のことに着実に取り組んでいくうちに、この道に進むことになりました。迷うこともたくさんありますが、目の前にあるものを一生懸命《いっしょうけんめい》やると、おのずと見えてくると思います。

学び、働き続けたい

卒業生インタビュー 2

大鵬《たいほう》薬品《やくひん》工業《こうぎょう》

東京農業大学《とうきょうのうぎょうだいがく》農学部畜産学科（現・動物科学科）卒業

松崎《まつざき》彩子《あやこ》さん

大学を卒業後、大鵬薬品工業株式会社に医薬情報担当者として勤務。長崎《ながさき》支店を経て、神戸《こうべ》支店へ。病院やクリニックを飛び回る忙《いそが》しい日々を送っている。

取材先提供

動物好きが集まる学科

私が入学した東京農業大学（農大）の畜産《ちくさん》学科は、動物好きの人が多い学科です。学生200人中2、3割は実家を継《つ》ぐような、畜《ちく》産《さん》農家出身者でした。私の場合、身近なところに動物はいませんでしたが、動物が大好きで、生物も得意だったので、この学科を選びました。

大学では、繁殖《はんしょく》や育種など家畜《かちく》生物についてや、飼育《しいく》に関することなどを学びました。入学すると、まずはウシやブタ、ニワトリなど家畜全般《かちくぜんぱん》の基礎《きそ》知識を学びます。動物についての実習もたくさんありました。

1年生と3年生の時には、静岡《しずおか》県富士宮《ふじのみや》市にある実習場で、2泊《はく》3日の実習がありましたね。ウシやブタ、ニワトリを班に分かれて世話をするのです。動物とふれあうことができてとても楽しかった思い出があります。

一方で、解剖《かいぼう》実習もありました。ブタとニワトリを解剖《かいぼう》し、内臓の位置などを確認するのです。専門的な知識を身につけることができました。大学で農学部のほかの学科との交流はあまりなかったのですが、野菜の育て方など、農学の基本となる授業を受ける機会もありました。

動物の遺伝子に興味があったので、3年生になると家畜《かちく》のDNAを研究する家畜《かちく》育種学研究室へ。みなさんは、カシミアヤギを知っていますか？　このヤギの毛は、セーターなどの材料になります。3年生の時はこのヤギの細くて長い毛をもつ遺伝子を調べ、4年生ではヤギの繁殖《はんしょく》に重要な卵胞《らんほう》刺激《しげき》ホルモンの遺伝子を調べました。

動物が歩くキャンパスで

農大・農学部のキャンパスは広く、ウシをひいている人がいれば、シカやウマ、ビーグル犬なども散歩していました。各研究室では、ウシやウマなど研究テーマになる動物を飼育《しいく》しているからです。私の研究室ではヤギを飼《し》育《いく》しており、3週間に1回ほどヤギ当番がまわってきます。当番は、餌《えさ》やりやふんの掃除《そうじ》をします。動物の健康管理も大事な役割なんですよ。

秋に行われる学園祭には、研究室で参加しました。3年生の時は鳥の照り焼きの店を出し、4年生の時は研究成果の展示を担当しました。

学園祭には、毎年、たくさんの親子が訪れます。キャンパス内で盛《も》りだくさんのイベントが行われる中、水牛やニワトリなどの動物や骨格標本の展示にもたくさんの人が訪れてくれました。

薬の情報を伝える

畜産《ちくさん》学科の卒業生は就職の幅《はば》が広く、食品メーカーや薬品卸《おろし》会社などに勤める人もいれば、地方公務員になる人もいます。受精卵などを扱《あつか》う胚培養士《はいばいようし》として、不妊治療《ふにんちりょう》にたずさわる人もいます。大学院へ進学する人はそんなに多くない印象です。

私は食品の品質管理の仕事に就くことをめざしていましたが、採用は大学院卒業者のみでした。そこで、薬が身近だったこともあり、できるだけ人に近い職種に就きたいという希望もあったので、製薬メーカーを選びました。

私の仕事は、薬の情報を医師などに説明する医薬情報担当者（ＭＲ）です。抗《こう》がん剤《ざい》や皮膚《ひふ》アレルギー疾患《しっかん》の薬、泌尿《ひにょう》器《き》系の薬などの新しい医薬品の効能、メリットやデメリットなどの情報を医師に伝えます。専門用語が多いですし、説明するための言葉の使い方も難しい。新薬が出るたびに、勉強しないといけないので、今が人生でいちばん勉強しているような気がします（笑）。

動物と人の基本的なからだのなりたちは共通です。なので、生化学で学んだ代謝などの知識は役に立っています。ただ、統計が苦手だったのですが、今の仕事はその知識も必要なので、もっと勉強しておけばよかったと思っています。

総合職なので、全国どこへでも行きます。最初は長崎に赴任《ふにん》し、みずから自動車を運転していろいろな病院をまわりました。苦労は

薬の情報を医師に説明します　　取材先提供

多いですが、私が担当した医薬品が医師に採用された時や、使ってもらった抗《こう》がん剤《ざい》に効果があったなどの話を聞いた時は仕事にやりがいを感じます。

半年前に神戸へ転勤。総合職なので、今後も転勤やMR以外の仕事に就くかもしれませんが、社内でも社外でも信頼《しんらい》されるような人間になって、働き続けていきたいです。そのためにも、勉強し続けていこうと思います。

農業というと、汚《きたな》い、臭《くさ》い、きつい（大変）など3Kのイメージがあるかもしれません。でも、農学部は植物や動物などいろいろな分野があり、いろいろな考えの人がいて、おもしろいところです。理系でなくても、生物好きなら勉強するハードルは低いですし、学生生活を楽しめます。あきらめず、チャレンジしてみてください。

農業はおもしろいですよ!

卒業生インタビュー
3

盛田《もりた》アグリカルチャーリサーチセンター

玉川大学《たまがわだいがく》農学部農学科卒業

浅《あさ》野《の》裕《ひろ》子《こ》さん

取材先提供

大学を卒業後、設立したばかりの盛田アグリカルチャーリサーチセンターに就職。茨城《いばらき》県つくば市の農園で有機野菜の栽培《さいばい》に従事。長野《ながの》県立科《たてしな》町に長野農園を立ち上げ、長野農園長を経て現在に至る。

砂漠《さばく》で作物をつくりたい

私は、有機野菜を栽培《さいばい》し、販売《はんばい》する「盛田アグリカルチャーリサーチセンター（通《つう》称《しょう》・有機農園モアーク）」という農業生産法人で働いています。この法人の立ち上げメンバーです。2012年には第2農場として長野農園を立ち上げ、農園長をしています。

農学部をめざしたのは、食料不足で苦しむアフリカの人びとをCMで見たのがきっかけでした。広大な面積の砂漠《さばく》で作物をつくれたら、食料問題や砂漠《さばく》化も解決できるのではないかと考えたのです。また、そのような開発援助《えんじょ》の機関を知り、関心が高まりました。

大学では、1、2年生は座学が中心で、土《ど》壌《じょう》学、遺伝学、作物学、植物生理学など農業の基本を学びました。また、週に1、2回、学内農場での実習があり、畑でトマトなどの作物をつくる機会もありました。

3年生になると研究室に所属し、卒業研究が始まります。私は、乾燥《かんそう》地で芝生《しばふ》やトマト、メロンを栽培《さいばい》する方法を研究しました。また、4年生の時に、教授と中国《ちゅうごく》の砂漠《さばく》へ植林の視察に行きました。

就職活動の際、開発援助《えんじょ》を行う機関の採用試験を受け、面接で「何もないところでどうやって作物をつくるか」という質問に答えられなかったという経験をしました。その後、農業人フェア（就農相談会）で「有機農園モアーク」と出合い、この法人が草で堆肥《たいひ》をつくり、土づくりを重視した無農薬で野菜を栽《さい》培《ばい》していること、南国のパラオ共和国でも実績があることが、面接の答えにつながるような気がしたのです。

農業法人に就職

こうして、スタートしたばかりの農業生産法人に就職。栽培《さいばい》品目のリサーチから始まり、計画、実行まですべてにわたり、一からたずさわることになりました。

私はトマトを担当し、栽培《さいばい》ハウスづくりから、販売先《はんばいさき》探しまで請《う》け負《お》いました。やりがいを感じつつも、自分より経験のあるバイヤーに商品を売《う》り込《こ》むことは難しかったです。

1年目は栽培《さいばい》に失敗。改良を重ねて3年目にようやく栽培《さいばい》が軌道《きどう》に乗り、高級スーパーマーケットに商品を卸《おろ》すことができるようになりました。つぎに待っていた課題は品質を維持《いじ》し、安定して供給することでした。

そのためには植物を観察し、問題があれば、肥料が足りないのだろうか、虫が出るのはなぜだろうなど、原因を究明することが必要です。そんな時、大学で学んだ土壌《どじょう》学、植物生理学、昆虫《こんちゅう》学などの知識が役に立っています。当時の教科書を読み返したり、大学の恩師に相談したりもしました。

一方で、農業経済や経営学などについては、もっと勉強しておけばよかったと感じています。学生の頃《ころ》はまだ身近に感じることができず、社会の仕組みもあまり理解していませんでした。

実際に野菜を販売《はんばい》してみると、生鮮《せいせん》食品はサイクルが早い上、細い発注に応じなければなりませんでした。スーパーの棚《たな》に自社の商品を置いてもらうことができても、安定して供給することができなければ、お客さまからの信用がなくなってしまいます。そうなると、取り返すのは大変なのです。

農業の楽しさを伝えたい

私が学生の頃《ころ》は、農家出身でない限り就農は難しく、卒業生で農業関連の仕事に就いたのは1割くらいでしょうか。就職先でもっとも人気があったのは種苗《しゅびょう》会社でした。どうしたら農業を生業《なりわい》にできるか、よくわかりませんでしたが、最近では、農業法人が増えて就職しやすくなったと思います。農業人フェアでも私たちの法人にたくさんの方が訪問してくださいますし、インターン生も訪れます。

一方で、農業に就くのをあきらめる人が多いのも現状です。農業は体力的にハードで、朝早くから夕方まで作業があります。それに有機農業の場合、AIなどを活用したスマート農業導入も難しく負担の軽減ができません。でも、計画通りに作物ができたり、安定し

有機農業の可能性を広げたいです　　取材先提供

ておいしい作物をつくることができた時には、仕事にやりがいを感じます。小学校の食育の時間に農業を教えたことがあるのですが、子どもたちが自分で育てた作物をうれしそうに食べる姿がとても印象的でした。

　農業は気象、生物、植物、土壌《どじょう》、微生物《びせいぶつ》、化学、物理、環境《かんきょう》問題など、自然から学ぶことがたくさんあります。有機農業は特に自然から学ぶことが多い農業なので、小さい子どもから大人までたくさんの人に農場に来てもらい、体験して楽しんでもらう場をつくりたいと思っています。

　農学部にはさまざまな分野や学科があります。どんな分野を学びたいのか、将来何になりたいのかがはっきりしていると、有意義で充実《じゅうじつ》した大学生活が送れます。農学部はおもしろいですよ！

卒業生インタビュー 4

農業ビジネスの起業をめざして

FOODBOX《フードボックス》

明治大学《めいじだいがく》農学部農業経済学科（現・食料環境政策学科）卒業

中村圭佑《なかむらけいすけ》さん

取材先提供

大学卒業後、農薬メーカーに約７年勤務。その後、大手経営コンサルティング会社を経て、FOODBOX株式会社を起業した。農家の新規販路《はんろ》の開拓《かいたく》や新規ビジネスを支援《しえん》している。

起業をめざして経済を学ぶ

私は明治大学の農業経済学科（現・食料環《かん》境《きょう》政策学科）で、農業経済学を専攻《せんこう》しました。経済やビジネスの側面から農業を探る学問で、経済学や経営学、社会学など、社会科学系の科目を学ぶ文系の学科です。

実家は九州で4代続く農家です。私はその4代目になるはずでしたが、今は妹が継《つ》いでいます。農業は非常に身近で、ものづくりの好きな人の集まりだと感じていました。ただ、いい作物をつくる人はたくさんいますが、実際に自分で作物を売らないので、作物の付加価値を高めたり、農業の仕組みを変えたりする人は見当たりません。

そこに疑問を感じ、高校生の頃《ころ》には、農業をビジネスとして起業したいと考えるようになりました。

大学へは一般《いっぱん》入試ではなく、地域農業振興《しんこう》特別入試で受験しました。これは地域の農業を盛《さか》んにしたいという強い思いをもった人を対象にした試験です。入学すると、私のような農家の後継《こうけい》者がたくさんいました。農業の経験の豊富な彼《かれ》らの話は、とても勉強になり、触発《しょくはつ》されましたね。彼《かれ》らとは今でも頻繁《ひんぱん》に情報交換《こうかん》する大切な仲間です。

あらゆることを土台に

農業についてすべてわかるようになりたかったので、栽培《さいばい》技術や土壌《どじょう》学、微生物《びせいぶつ》学などの講義はもちろん、他学科の授業もたくさん履修《りしゅう》しました。大学2年生の時は、農業機械を製造・販売《はんばい》するヤンマーが主催《しゅさい》した「ヤンマー学生懸賞《けんしょう》論文」に応募《おうぼ》して、優秀《ゆうしゅう》賞を受賞しました。農家の後継《こうけい》者は何をすべきか、農家のライフサイクルをテーマに論じて、いい思い出になりました。

大学にはファームステイ実習や農場実習など、現場を体験しながら学べる科目もありました。私は、海外農業体験に参加して、台湾《たいわん》に行きました。これは日本の農業しか知らなかった私にとって、とても刺激《しげき》を受けた体験でした。農業は「匠《たくみ》の世界」と思っていましたが、台湾はそうではなかったのです。同じアジアですが、より効率的、合理的な農業だったのです。もっと台湾の農業が知りたくなり、中国語も学び始めました。

学生時代は、バスケットボールのサークルをつくりました。サークルではさまざまな学科の人がいたので、学科を超《こ》えていろいろな話を聞くことができました。また、販売《はんばい》の経験をしたくて、バスケットボール専門店でアルバイトもしました。アルバイトのおかげでビジネスには営業スキルが必要なことがよく理解できました。

このように過ごした大学時代はとても充《じゅう》実《じつ》していました。いろいろな経験をして、農業をさまざまな角度から見ることができたのは、今の仕事にとても生きています。

食農と異業種をつなぐ

卒業後は、老舗《しにせ》の農薬メーカーに就職しました。この会社を選んだのは、中国や台湾への営業拠点《きょてん》をもっていたことと、あらゆる仕事を任せてくれそうだったからです。将来、独立するために、まずはひと通りの業務を覚えたかったのです。

望んだ通り、入社後すぐに中国や台湾を統《とう》括《かつ》する部署に配属され、日本と中国や台湾を行ったり来たりする生活が続きました。中国の人たちとは、おたがいに理解し合えるまで時間がかかりましたが、その後はよいパートナーになりました。

この会社で7年働いたところで、ほかの業界を知りたいと、コンサルタント会社に転職しました。その会社にいる間に、通信制の大学院で経営学修士（ＭＢＡ）も取りました。

こうしてさまざまな経験を積み重ねて、2019年に念願の独立を果たしました。まずは足場を固め、めどがついたところで、株式会社にしました。

今の私の肩書は、「フードカタリスト」です。これはフード（Food）と触媒《しょくばい》（Cata-lyst）を組み合わせた造語で、食・農業界と異業種のつなぎ役を意味しています。目的は、

食・農業界は幅広く、さまざまなお客さまと仕事をしています　取材先提供

食・農業界全体を異業種とつなぎ盛《も》り上げること。学生時代からいろいろな経験をしたおかげで、農家はもちろん、企業《きぎょう》や行政の立場としても偏《かたよ》ることなく話ができるのが強みです。

今の時代はあらゆる情報が簡単に手に入りますが、「知っていること」と「行動」は結びつきません。体験してこそわかることがたくさんあるので、ぜひ自分の目で見に行ってほしいです。

また、興味のある分野はもちろんのこと、それ以外の分野もどんどん学んで自分の引き出しを増やすことは大事です。外国語もぜひ身につけてください。言葉がわかると体験できる世界が広がり、グローバルな視点をもつことができます。

5章

農学部をめざすなら何をしたらいいですか？

Q23

農学部のある大学の探し方・比べ方を教えてください

学ぶ分野が幅広《はばひろ》い

農学は近年、注目されている学問だ。そのため、農学部を新設したり、学科を増やしたりする大学も増えている。ただ、大学によっては必ずしも農学部ではなく、別の名称《めいしょう》を使っていたり、また今まで使っていた農学部の名称《めいしょう》を変更《へんこう》したりしている場合がある。たとえば、農学生命科学部、生物資源科学部、生物資源学部、応用生物科学部、応用生物学部などだ。必ずしも農学部でなくても、農学が学べる大学がたくさんあるよ。また、同様に学科の名称《めいしょう》もさまざまだ。

学部や学科にこんなにいろいろな名称《めいしょう》があるように、農学部では学ぶ分野が広い。自然や食について幅広《はばひろ》く学び、研究する。そのため、どこの大学で何が学べるかはわかりにくいかもしれないね。まずは、興味のある分野や将来めざしたい進路が叶《かな》えられるかどうか、大学案内やカリキュラムを調べてみよう。大学案内には、どんな研究室があるか、ど

んな研究をしているかといったことも紹介《しょうかい》されている。興味をもった研究室などがあれば、研究室のホームページものぞいてみよう。ちょっと難しいかもしれないけれど、よりくわしく研究が紹介《しょうかい》されているよ。

農学部？　理学部？　工学部？

農業に関することを学びたい、農業にかかわる仕事に就きたいならば、間違《まちが》いなく農学部の進学に決められる。でも、バイオテクノロジーや分子生物学について学びたいなら、迷ってしまうかもしれない。なぜなら、これらは農学部に限らず、理学部、工学部、はたまた薬学部や医学部などの多くの学部や学科で、学ぶことができるからだ。大学は学べる学問が明確に分かれているわけではないんだよ。

カリキュラムを比べてみると、理学部は基礎《きそ》科目が多く、農学部や工学部では応用科目が多い。農学部ではフィールドワークがあるなどの違《ちが》いが見えてくる。学校の雰囲気《ふんいき》や学校の場所、就職先、やりたい研究などいろいろな情報を集めて、どこがより自分にとってしっくりくるかを考えてみよう。

農学部に向いている人

農学部はどんな人に向いているんだろうか。まずは、草花を観察するのが好き、昆虫《こんちゅう》採集は得意など、生物が好きな人が何より向いている。自然の中で過ごすのが好きでフィールドワークをやりたい人、好奇心《こうきしん》や探求心が強く、実験をやってみたい人なら、大学での実習や実験も興味をもって取り組めるね。

環境《かんきょう》問題に対して取り組みたい、世界の食料問題を解決したいなど、環境《かんきょう》問題や食料問題に興味のある人にとっても、農業経済学科のようなやりがいを感じながら学べる学科がたくさんある。また、生物をベースにしたものづくりや技術開発をしてみたい人にとって、工学的な手法で学べる農業工学がある。将来、誰《だれ》かの役に立ちたいという希望を叶《かな》えるような道が開けるだろう。

農学は解明されていないことばかりの自然を相手にする学問だ。まずはやってみようというチャレンジ精神があり、どうすればいいかを工夫しながら、根気強く取り組める人なら充実《じゅうじつ》した学生生活を送れるんじゃないかな。

オープンキャンパスに行ってみよう

学べる分野や研究室をよく吟味《ぎんみ》しよう

夏休みはどの大学もオープンキャンパスを行うので、参加してみよう。オープンキャンパスでは、大学の中に入れるし、在学生などが案内してくれるので大学の雰囲気《ふんいき》が味わえる。研究室の公開もあるので、実験室ってどんなところ？　研究はどうやって行うの？　といったことがわかる。

大学の学園祭に行ってみるのも、大学の雰囲気《ふんいき》を知るのによい機会だ。興味のある大学が近くにない場合は、全国で行われる進学相談会などのイベントに参加してみよう。イベントなどでは、どんなことが学べるのか、カリキュラムの特徴《とくちょう》、どんなところに就職しているのかなど、大学の特徴《とくちょう》とともに、どんな先生がいるのか、どんな研究をしているのか研究室をよく調べてみようね。また、農業技術に力を入れている大学もあれば、地域や海外と連携《れんけい》していたり、インターンシップをたくさん行っていたりと、大学によってさまざまな特徴《とくちょう》があるので、複数の大学のオープンキャンパスに足を運び比べてみよう。

また、通学のしやすさも大切だ。農学部は実習や授業が多い。大学生活は忙《いそが》しいので、家から遠い大学や交通の不便な大学だと、途中《とちゅう》で疲《つか》れてしまうかもしれないよ。

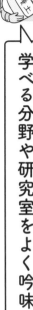

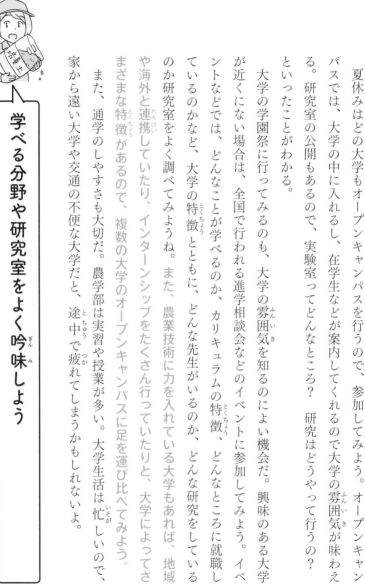

Q24 かかわりの深い教科はなんですか？

理科全般《ぜんぱん》

農学部といちばんかかわりが深いのは、もちろん理科だね。理科は物理、化学、生物、地学の自然科学をまとめたもの。小学校や中学の理科は、これらの科目に分かれていないけれど、エネルギーや生命、地球に関するものなどを基礎《きそ》から系統立てて学んでいくんだ。高校生になると、4科目に分かれて、より専門的に勉強するよ。

理科の授業では、音の伝わり方を実験したり、微生物《びせいぶつ》を顕微鏡《けんびきょう》で見たりと観察が多いのが特徴《とくちょう》だ。観察はあらゆる科学の基礎《きそ》で、あらゆる大発見も観察から生まれている。

理科の時間だけでなく、ふだんの生活でも自然を観察してみよう。何かを見つけることができたら、将来は研究や技術の開発をしてみたいと思うかもしれないね。

最先端《さいせんたん》の科学の研究は、特に応用分野で専門の境界がだんだんとなくなってきていて、物理や生物など多くの学問分野と融合《ゆうごう》しているものが多い。化学の研究でも、生物や物理

などの知識がないと理解できないものもたくさんある。今後はもっとそうなると考えられており、幅広《はばひろ》い科学の基礎《きそ》知識をもつ人が求められている。そのためにも中学や高校のうちに理科をしっかりと学び、基礎《きそ》学力をつけておいたほうがいいね。

生物

農学部は植物や動物などあらゆる生物の生命現象を探究し、応用する学問だ。だから授業は、生物関連の科目が多い。まずは基礎《きそ》的な生物学、生化学、微生《びせい》物学、分子生物学、細胞《さいぼう》生物学などを学ぶ。生化学では、生体を構成する分子や代謝の仕組みなどを中心に学ぶんだ。生物を扱《あつか》った実験もあり、生命現象を観察したり、解剖《かいぼう》をして体の構造を理解したりする。細胞《さいぼう》や分子レベルで生命現象が解明されつつあり、研究がさかんに行われている。だから、細胞《さいぼう》生物学や分子生物学などで細胞《さいぼう》レベルのミクロなところまで、生物を勉強するんだ。

さらに、植物学、昆虫《こんちゅう》学、家畜《かちく》学など、学科によって扱《あつか》う生物は異なるものの、いろいろな視点から生物学を勉強するよ。卒業研究でも、もちろん生物を対象にする。4年間、生物について学ぶので、中学や高校で生物をしっかりと学んでおくことは、大学に入ってから役に立つことが多いんだ。

化学

農学部では、化学関連科目の授業も多い。生物といえども物質からできており、生体の中でたくさんの化学反応が起こっている。化学の知識がなければ、生命現象は理解できないんだよ。また、生命現象を化学的な手法であきらかにするので、化学実験も必要だ。特に農芸化学のような、生命や食、環境《かんきょう》などに化学を応用する科目を専攻《せんこう》するには、化学の知識が必須《ひっす》だ。だから、1年生から有機化学、無機化学、分析《ぶんせき》化学、物理化学などさまざまな化学を勉強するよ。中学の理科でも化学が出てくるね。高校の化学なら酸化還元《かんげん》など基本的な化学反応や、有機化学で出てくる物質の構造式の仕組みや物質名の読み方などを、しっかりと勉強しておくといいね。

数学や物理

科学の基盤《きばん》にあるのは数学や物理だ。応用科目や化学、生物などの基礎《きそ》科目を理解するには、数学や物理も必要なので、入学すると必ず学ぶ。調査や実験の結果を解析《かいせき》するには計算や統計が欠かせないし、農業経済を学ぶにも数学が必要だ。だから、計算力をつけておき、統計の考え方を理解しておくのも大事だよ。

作物の生育環境《かんきょう》を考えるには気象学が重要だけれど、気象学の理解には物理の知識が必要だ。計算などはパソコンを使うので、できるほうがいいね。これらの理数系科目は勉強しておいたほうがいいけれど、大学に入ってからも授業があるので、あまり勉強していないからといって不安になる必要はないよ。

国語や英語、社会

大学では、グループワークや農業研修などがあるので、コミュニケーション力が必要だ。農業経済系や森林科学系の学科で国際問題を扱《あつか》う人は、海外の調査をするなど、海外の人と接することがある。コミュニケーションをとるためには日本語力や英語力が必要なんだよ。大学の授業でも英語はあるし、卒業研究では英語の論文を読まないといけない。今のうちからしっかりと英語も勉強してほしいね。

地理や歴史、文化を知らなければ、地域の問題や国際問題を理解できない。社会の勉強をがんばるとともに、ニュースを見て、世界の社会情勢について気をとめておこう。

Q25

学校の活動で生きてくるようなものはありますか？

クラブ活動

多くの人が学校のクラブ活動や部活動に参加していると思うけど、みんなで協力して何かをやりとげるということは、将来大学に入ってとても役に立つよ。というのは、大学では、グループで実験をしたり、観察をしたりする機会がたくさんある。実験の結果をひとつ出すにも、みんなで協力して、いろいろなことを議論しないとなかなかまとまらない。農場実習で作物をつくるのにも、みんなで協力して、役割を分担する。作業の進め方などをみんなで話し合いながら行わないといけないからね。

研究をすることは、自分で一生懸命《いっしょうけんめい》考えて進めていかなければならず、長い道のりだ。また、同じ実験をくり返したり、長い時間かけて生物を観察したりと、根気や粘《ねば》り強さが求められる。だから、クラブ活動や部活動でなにかをやりとげた経験は必ず活かされるよ。

化学部や生物部など科学に関連する部はもちろんのこと、どこの部でも、その経験は同

じだよね。だから、今やっている部活動には一生懸命《いっしょうけんめい》取り組んでほしい。

委員会や係の活動

委員会や係の活動をするのもみんなで協力してやらなければならないので、その経験はもちろん大学でも役に立つ。なかでも、環境《かんきょう》委員会や美化委員会、あるいは理科などの教科係では、校庭にある植物の世話をしたり、学校で飼育《しいく》している動物の世話をしたりする機会があるかもしれないね。

校外学習や修学旅行

科学は身の回りの自然を観察することから始まる。つまり自然を観察することが基本だ。学校では校外学習や修学旅行の時間があるよね。校外学習で山や海に行く時は、じっくりと自然を観察するいい機会だ。よく観察して、なぜ波の高さが高くなったり低くなったりするの？　と疑問を感じたり、ここにはどんな生物がいるのだろうかなど、身近な環境《かんきょう》と比べたりといろいろなことを考えてほしいなあ。

修学旅行でお寺や公園を訪れた時も同じだ。たとえば、お寺や神社の庭にはたくさんの生物が存在しており、それが保存されている。町の真ん中でも、そこだけは木々が茂《しげ》り、鳥の鳴き声が聞こえる。自然を観察するにはいい場所なんだよ。

たとえ素朴《そぼく》な疑問でも、大学で勉強するものに結びつくことがある。生物学などで生物の名前が出てきた時に、この生物を見たことがあればうれしいし、学問がぐっと身近になるよね。だから、いろいろなことを経験し、観察しよう。そこから、いつもと違《ちが》うことを見つけ驚《おどろ》きを感じることは、自然科学を学ぶためにはいい経験になるからね。

文化祭

文化祭では、学習発表をしたり、展示の説明をしたりと人前で発表する機会があるよね。大学生になり研究室に入ると、ゼミで自分の研究を報告するなど人前で話す機会が増えるよ。もし文化祭などでそんな機会があれば、はずかしいなんて引っ込《こ》んでいないで、参加してみよう。文化祭やバザーなど学校の行事にも積極的に参加しよう。いろいろな経験はプレゼンテーション力をみがくことや自信につながるよ。

また、文化祭の準備で看板やポスターをつくるなど手先を動かすことも役に立つ。大学では実験や実習などで作業をすることが多いからね。

本を読もう

本はたくさん読んでおこう。科学のジャンルにとらわれる必要はなく、読む本は文学でも、歴史でもなんでもいい。学校の図書館に行って、まずは表紙がおもしろそうな本、先生が進めてくれた本などを読んでみよう。情報を得るだけなら、インターネットのほうがすぐに答えが見つけられて楽なんだけれど、科学的な思考を養うには、読書がぴったりだ。科学という学問はいろいろな現象や実験の結果を集めて、そこから何かを見つけるもの。仮説を立てたり、あるいは得られた情報のなかから、新しい発見をしたりするために幅《はば》広《ひろ》い視野や想像力が必要なんだ。だから、今のうちからたくさんの本を読んで知識の幅《はば》を広げ、想像力を養おう。

大学で農学を学ぶためにはいろいろな知識が必要だ。だから、どの科目も興味をもって勉強してほしい。学校生活には、体育の時間やマラソン大会など体を動かす時間もたくさんある。大学の生活は、実験もあるし、授業の時間もたくさんありかなりハードだ。受験勉強にも体力は必要。たくさん体を動かして体力をつけておこう。

農学部に特化しない活動でも進んで取り組もう

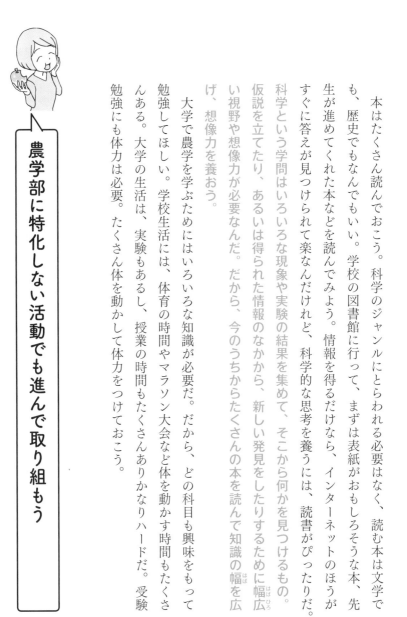

Q26

すぐに挑める農学部にかかわる体験はありますか？

大学のイベントに参加する

大学の先生や研究者の話を聞いてみたいと思ったことはないかな。みなさんのまわりには意外とそんな機会は多いんだ。たとえば、大学の先生が中学校や高校に出向いて、出張授業をしたり、学生向けのセミナーを開いたりすることがある。授業では、大学の先生が自分の専門科目や研究の話をわかりやすく話してくれるんだ。先端《せんたん》技術や海洋の話など、ふだんは聞けないバラエティー豊かな内容なので、機会があればぜひ参加していっぱい質問してみよう。

近所に大学のある人は、大学のいろいろな案内に目をとめてみよう。大学では学外の人のために講演会や研修会を行い、研究の成果を知らせている。大人向けの講演会は少し難しいけれど、中学生や高校生向けの模擬《もぎ》授業やセミナーなどもやっている。模擬《もぎ》授業はオープンキャンパスで行われる場合が多いが、セミナーなどは不定期。夏休みや土日に行わ

れることが多いかな。特に夏休みは小中学生向けの実験教室など、科学イベントも多い。イベントの時は、大学生の人が手伝っていることもあるので、直接「大学でどんな勉強をしているのですか」と聞いてみてもいいね。

博物館に行ってみる

家の近所に、科学館や自然博物館、植物園、動物園などはあるだろうか。もしあれば、お休みの日などに行ってみるといいよ。自然科学への興味が高まることは間違《まちが》いなしだ。

たとえば、自然博物館では、地域の自然が紹介《しょうかい》されている。動物や植物、昆虫《こんちゅう》、貝、化石などの標本が展示されており、めずらしい恐竜《きょうりゅう》が展示されていることもある。夏休みには、自然観察会、自然教室などのイベントが開催《かいさい》される。さまざまな体験を通して自然の成り立ちを理解できるよ。

植物園は、ふだん見ることのないめずらしい植物や南国の植物がそろっているので、植物好きの人にはたまらないスポットだね。薬や染料になる植物などが紹介《しょうかい》され、私たちの生活と植物のかかわりが学べる。興味深い企画《きかく》展が開催《かいさい》されていることもある。大学には薬草園があることも多い。入場無料のところもたくさんあるので、植物に対する興味を深めよう。

博物館などには、植物や動物など生物にくわしいスタッフがたくさんいるので、疑問に思ったことはどんどん質問してみようね。

ボランティアに参加する

農業を体験してみたいという人は、農業体験、田植え体験などのイベントに参加してみよう。農家をしている親戚《しんせき》などがいれば手伝ってみるのもいいね。また、農業体験ボランティアもたくさん行われており、高校生でも参加できるものがあるよ。ボランティアでは、農作業を手伝って、人手不足に悩《なや》む地域の農業を支援《しえん》するものや、地域活性化をめざすもの、あるいは子どもたちとともに食育活動を行うものなどがある。

環境《かんきょう》問題に興味があるという人は、ごみ拾いボランティア、自然保護ボランティア、子どもたちの自然学校の手伝いなどのボランティアに参加してみるのもいいだろう。環《かん》境《きょう》問題や地域の問題を考えるきっかけになるよ。

このようなボランティア活動を通して社会にふれることで、大学で何を学ぶべきか、将来どんなことをしたいかといった具体的な目標が見えてくるかもしれないね。

日常の生活にも農学を

日常生活の気付きを大切にしよう

農学は、作物から土壌《どじょう》や農薬、微生物《びせいぶつ》、食品など研究の幅《はば》は広く、生活に密着している。日頃《ひごろ》の生活も大学での学びにつながるよ。たとえば、家のベランダでミニトマトを育てる、庭に花を植えてみるなど、少しでいいので植物を育ててみよう。植物を育てた経験により、植物をより好きになることができる。

犬や猫《ねこ》など家にいるペットの世話も進んでやってみよう。動物を育てた経験も同じように、農学部での勉強の役に立つよ。

買い物に行く時も、スーパーマーケットや八百屋《やおや》さんには、どんな野菜や果物が並《なら》んでいるのだろうとか、花屋さんの店先の花の種類に気をとめておこう。園芸学や栽培《さいばい》学などでは、野菜や果物などの名前がたくさん出てくるので、知っていると役に立つよ。食品に興味がある人は、どんな食べ物を売っているんだろうと注目してみよう。

また、図書館で図鑑《ずかん》や科学書などを読んだり、インターネットの自然科学のサイトにアクセスしてみたりと、自然や農学にふれるチャンスはたくさんある。いろいろな経験を通して、農学の世界にふれてみよう。

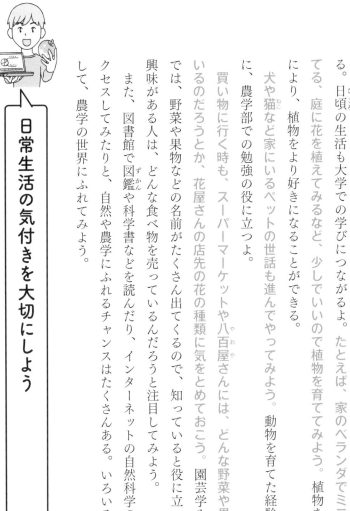

著者紹介

佐藤成美（さとう なるみ）

博士（農学）。食品メーカー研究所勤務のあと、東京大学大学院農学生命科学研究科博士課程修了。現在サイエンスライターとして、専門誌や科学系ウェブサイトに執筆。明治学院大学、東洋大学の非常勤講師も務める。著書に『おいしさの科学』（講談社）、『理系学術研究者になるには』『理学部・理工学部』『栄養学部』（ぺりかん社）などがある。

なるにはBOOKS 大学《だいがく》学部《がくぶ》調《しら》べ

農学部《のうがくぶ》 中高生《ちゅうこうせい》のための学部《がくぶ》選《えら》びガイド

2021年8月10日　初版第1刷発行
2022年4月10日　初版第2刷発行

著者　佐藤成美
発行者　廣嶋武人
発行所　株式会社ぺりかん社
〒113-0033　東京都文京区本郷1-28-36
TEL：03-3814-8515（営業）/03-3814-8732（編集）
http://www.perikansha.co.jp/

装幀・本文デザイン　ごぼうデザイン事務所
装画・本文イラスト　保田正和
印刷・製本所　株式会社太平印刷社

ISBN978-4-8315-1596-4
Printed in Japan

【なるにはBOOKS】

税別価格 1170円～1600円

1	パイロット	62	中小企業診断士	123	建築家
2	客室乗務員	63	社会保険労務士	124	おもちゃクリエータ
3	ファッションデザイナー	64	旅行業務取扱管理者	125	音響技術者
4	冒険家	65	地方公務員	126	ロボット技術者
5	美容師・理容師	66	特別支援学校教諭	127	ブライダルコーディネーター
6	アナウンサー	67	理学療法士	128	ミュージシャン
7	マンガ家	68	獣医師	129	ケアマネジャー
8	船長・機関長	69	インダストリアルデザイナー	130	検察官
9	映画監督	70	グリーンコーディネーター	131	レーシングドライバー
10	通訳者・通訳ガイド	71	映像技術者	132	裁判官
11	グラフィックデザイナー	72	棋士	133	プロ野球選手
12	医師	73	自然保護レンジャー	134	パティシエ
13	看護師	74	力士	135	ライター
14	料理人	75	宗教家	136	トリマー
15	俳優	76	CGクリエータ	137	ネイリスト
16	保育士	77	サイエンティスト	138	社会起業家
17	ジャーナリスト	78	イベントプロデューサー	139	絵本作家
18	エンジニア	79	パン屋さん	140	銀行員
19	司書	80	翻訳家	141	警備員・セキュリティスタッフ
20	国家公務員	81	臨床心理士	142	観光ガイド
21	弁護士	82	モデル	143	理系学術研究者
22	工芸家	83	国際公務員	144	気象予報士・予報官
23	外交官	84	日本語教師	145	ビルメンテナンススタッフ
24	コンピュータ技術者	85	落語家	146	義肢装具士
25	自動車整備士	86	歯科医師	147	助産師
26	鉄道員	87	ホテルマン	148	グランドスタッフ
27	学術研究者（人文・社会科学系）	88	消防官	149	診療放射線技師
28	公認会計士	89	中学校・高校教師	150	視能訓練士
29	小学校教諭	90	動物看護師	151	バイオ技術者・研究者
30	音楽家	91	ドッグトレーナー・犬の訓練士	152	救急救命士
31	フォトグラファー	92	動物園飼育員・水族館飼育員	153	臨床工学技士
32	建築技術者	93	フードコーディネーター	154	講談師・浪曲師
33	作家	94	シナリオライター・放送作家	155	ＡＩエンジニア
34	管理栄養士・栄養士	95	ソムリエ・バーテンダー	156	アプリケーションエンジニア
35	販売員・ファッションアドバイザー	96	お笑いタレント	補巻24	福祉業界で働く
36	政治家	97	作業療法士	補巻25	教育業界で働く
37	環境専門家	98	通関士	補巻26	ゲーム業界で働く
38	印刷技術者	99	杜氏	補巻27	アニメ業界で働く
39	美術家	100	介護福祉士	別巻	ミュージアムを知ろう
40	弁理士	101	ゲームクリエータ	別巻	もっとある！小中高生におすすめの本220
41	編集者	102	マルチメディアクリエータ	別巻	中高生からの防犯
42	陶芸家	103	ウェブクリエータ	別巻	会社で働く
43	秘書	104	花屋さん	学部調べ	看護学部・保健医療学部
44	商社マン	105	保健師・養護教諭	学部調べ	理学部・理工学部
45	漁師	106	税理士	学部調べ	社会学部・観光学部
46	農業者	107	司法書士	学部調べ	文学部
47	歯科衛生士・歯科技工士	108	行政書士	学部調べ	工学部
48	警察官	109	宇宙飛行士	学部調べ	法学部
49	伝統芸能家	110	学芸員	学部調べ	教育学部
50	鍼灸師・マッサージ師	111	アニメクリエータ	学部調べ	医学部
51	青年海外協力隊員	112	臨床検査技師	学部調べ	経営学部・商学部
52	広告マン	113	言語聴覚士	学部調べ	獣医学部
53	声優	114	自衛官	学部調べ	栄養学部
54	スタイリスト	115	ダンサー	学部調べ	外国語学部
55	不動産鑑定士・宅地建物取引主任者	116	ジョッキー・調教師	学部調べ	環境学部
56	幼稚園教諭	117	プロゴルファー	学部調べ	教養学部
57	ツアーコンダクター	118	カフェオーナー・カフェスタッフ・バリスタ	学部調べ	薬学部
58	薬剤師	119	イラストレーター	学部調べ	国際学部
59	インテリアコーディネーター	120	プロサッカー選手	学部調べ	経済学部
60	スポーツインストラクター	121	海上保安官	学部調べ	農学部
61	社会福祉士・精神保健福祉士	122	競輪選手	学部調べ	社会福祉学部

※一部品切・改訂中です。 2021.11.